LA BELLE LIMONADIÈRE,

OU

UN CAFÉ EN 1720,

COMÉDIE-VAUDEVILLE EN TROIS ACTES,

DE MM. VALORY ET MAURICE ALHOY,

DÉCORS DE MM. DEVOIR ET POURCHET, AIRS NOUVEAUX DE M. THYS, BALLET DE M. RENAUSY,
MUSIQUE DU BALLET PAR M. HOSTIÉ;

Représentée pour la première fois, sur le théâtre des Folies-Dramatiques, le 6 novembre 1839.

DISTRIBUTION DE LA PIÈCE :

LE PRINCE	MM. MASQUILLIER.	UN PORTEUR D'EAU	MM. CHARLES.
LE VICOMTE D'ÉCHIGNAC	ARMAND-VILLOT.	UN DOMESTIQUE	DESQUEL.
FLORICOURT	CH. POTIER.	MADELEINE	Mmes KIHN.
PROCOPE	FERD. HEUZEY.	ZÉLIE	HORTENSE-JOUVE.
JOSEPH	BLUM.	DAMES, SEIGNEURS, ARTISTES DE L'OPÉRA.	
ANDRÉ	FERDINAND.	PORTEURS D'EAU.	
LANGLOIS	MAYER.	CONSOMMATEURS.	

PROGRAMME DU BALLET :

LE DIEU MARS	MM. CH. POTIER.	POMONE	Mmes MARIA.
VULCAIN	BLUM.	L'AMOUR	RICHARD.
VÉNUS	Mmes KIHN.	L'HYMEN	BÉATRIX.
FLORE	ADÈLE PALLIER.	LES TROIS GRACES.	
MINERVE	HORTENSE-JOUVE.	NYMPHES.	

ACTE I.

Un carrefour de Paris sous la Régence.—A gauche, la maison de Floricourt, au fond, dans un angle,
une fontaine.

SCÈNE I.

ANDRÉ, PORTEURS D'EAU, à la fontaine.

Air du Siége de Corinthe.

Prenons nos rangs, nos numéros,
A la fontain' y a foule,
Mais, pour tout l'monde, ici, l'eau coule;
Remplissons donc nos seaux.

ANDRÉ.

On voit dans chet état
Prospérer l'Auvergnat.
Et puis, dans che métier,
Se faire goutte, à goutte, rentier.

REPRISE.

Prenons nos rangs, etc.

ANDRÉ.

Mais je ne voyons pas Madeleine, ce matin;

NOTA. Les personnages sont placés en tête des scènes comme ils doivent l'être au théâtre, le premier tient toujours la gauche du spectateur. Les changemens de scène sont indiqués par des notes.

elle qu'est toujours la première à la besogne...

UN PORTEUR D'EAU.

Vous chavez ben, père André, qu'elle a dit, comme cha, hier, qu'elle irait demander une permichion, pour voir, avant l'heure, chon père, malade à l'Hôtel-Dieu...

ANDRÉ.

Ché vrai, et on ne peut pas refuser une petite grâche à une paire d'yeux comme les siens... cha vous brille comme les boucles de jarretières d'un fermier-général...

UN PORTEUR D'EAU.

En revenant, elle aura peut-être rencontré le pays Joseph, son prétendu; ils auront jasé un brin.

ANDRÉ.

Avec cha que Joseph est un beau parleur!..

UN PORTEUR D'EAU.

Ah! cha, c'est vrai. Avez-vous remarqué, père André, il parle à chette heure comme un moncheu de la ville ; il n'a plus du tout l'achent de la montagne.

ANDRÉ.

Cha n'est pas étonnant, comme frotteur il était rechu dans les groches maisons... enchuite, depuis long-temps, il chire les souliers de M. Piron, et il bat les habits de M. Destouches... On che forme vîte, quand on che frotte à des savans de cette trempe-là...

SCÈNE II.

ANDRÉ, JOSEPH, un Porteur d'eau.

JOSEPH, sortant de chez M. Floricourt.

Merci, M. Floricourt... (A lui-même.) Il m'a dit rue de l'Arbre-Sec, je la trouverai peut-être cette danseuse... voilà une heure que je cours après elle pour lui remettre son bulletin... C'est qu'elle répète ce matin... Depuis un mois, elle a déjà changé six fois de domicile...

ANDRÉ, présentant la main.

Bonjour, Joseph ; une poignée de main, garçon...

JOSEPH, lui tendant la main.

Avec plaisir, père André !.. (A part.) Heureusement que personne ne me voit !

ANDRÉ.

A la bonne heure... parche que vois-tu ! si t'étais fier, cha ne serait pas bien !..

JOSEPH.

Moi fier, par exemple... je ne descends pas plus que vous de la cuisse de Jupiter... C'est un mot qui se dit à l'Opéra.

ANDRÉ.

Ch'est pas là j'penche que tu l'as jentendu.

JOSEPH.

C'est ce qui vous trompe, porteur d'eau ; car, depuis huit jours, je suis attaché à l'Académie royale de musique.

ANDRÉ.

Ch'est-il pochible !

JOSEPH.

Oui, mon cher... C'est M. Floricourt, le maître de ballet, qui m'y a fait entrer... Le matin, je porte les bulletins aux artistes, pour les avertir de ce qu'ils ont à faire au théâtre ; et le soir, je suis moucheur.

ANDRÉ.

Moucheur de chandelles !..

JOSEPH.

Rien que ça, père André, moucheur à l'Opéra.

JOSEPH.

Air : Aussitôt.

Aussitôt que la lumière,
A l'Opéra, vient briller,
Je commence ma carrière
Par mettre mon tablier ;
Puis, avec une allumette,
Au ciel, je donn' la clarté,
Ou j'plong', d'un coup de mouchette,
La terr' dans l'obscurité.

ANDRÉ.

Ah ! ben, en v'là une bonne.

JOSEPH.

Par exemple, mes débuts n'ont pas été comme sur des roulettes... A ma première entrée en scène, la peur me prit... Il y avait de quoi : soixante-dix-neuf mèches à moucher devant un public de princes, de ducs et de marquis... A la vue de tous ces habits brodés je sentis un si grand tremblement dans mes mouchettes, que, sur les soixante-dix-neuf chandelles j'en éteignis soixante-dix-huit... on murmure dans la salle... Aussitôt m'avançant devant la rampe éteinte : Messieurs, dis-je... voici la première fois que je parais sur un théâtre, je réclame votre indulgence... On partit d'un éclat rire, et je rallumai mes chandelles aux applaudissemens de la salle tout entière. Depuis, par exemple, j'ai joliment pris ma revanche... et je puis dire aujourd'hui que je suis de première force sur la mouchette...

ANDRÉ.

Je t'en félicite, garchon.

JOSEPH.

Je reçois journellement les complimens de notre maître de ballet, M. Floricourt, et ceux de sa charmante femme, la protégée du prince... l'on m'a fait même espérer qu'à la première pièce, mon nom serait sur l'affiche...

ANDRÉ.

En vérité !

JOSEPH.

Après le titre de l'opéra nouveau, on mettra, suivant l'usage, paroles de M. Lamothe, musique de M. Rameau, et chandelles de M. Joseph. Vous voyez père André que je suis sur la route de la fortune... Aussi, il y a plus d'une nymphe de coulisses qui s'estimerait heureuse de m'accorder sa main...

ANDRÉ.

Oui, mais cha ne se peut pas. Madeleine est la première en date...

JOSEPH.

Madeleine... ah dam... à présent, je n'aurai peut-être pas souvent occasion de rencontrer la payse...

ANDRÉ.

Comment ?

JOSEPH.

Dans ma position d'artiste, vous concevez, père André, que je ne puis pas frayer avec une porteuse d'eau.

ANDRÉ.

Par exemple !.. mais chette porteuse d'eau est ta fiancée...

JOSEPH.

Elle l'était, je ne dis pas... mais aujourd'hui... (On entend Madeleine crier, dans la coulisse, à l'eau !) La voici !.. (A part.) Évitons-la... (Haut.) Parlez-lui, père André... dites-lui... qu'à présent nous ne devons plus songer à nous marier ensemble... Quant à moi, je suis pressé... ce billet de répétition... je suis en retard... Adieu vous autres... venez me voir à l'Opéra, un jour qu'on donnera spectacle gratis... je vous ferai entrer tous sans payer... Père André, je vous en prie, faites entendre raison à Madeleine.   (Il sort.)

ANDRÉ.

Adieu, mauvais cœur, je me garderai bien de rien lui dire à chette pauvre enfant... cha lui ferait trop de peine.

SCÈNE III.

MADELEINE, ANDRÉ, Porteurs d'eau au fond.

MADELEINE *.

Air de Graziani.

Le matin, d'un pas agile,
Sans bricole ni tonneau,
On rencontre, par la ville,
Madelein' la porteuse d'eau.
L'ouvrage est son habitude,
Le profit v'là son plaisir ;
Et quand la b'sogne est trop rude
Un' chanson vient la sout'nir,
Mon trésor c'est la rivière,
C'est là que j' puise mon bien,
La Seine est une bonn' mère
Qui n' me laiss' manquer de rien.
Le matin d'un pas agile, etc.

Un galant queuqu'fois murmure
Des douceurs en me voyant,
Et dit qu' j'ai sur la figure
La fraîcheur d'mon élément.
S'il me peint le feu d'son âme
La riposte est dans mon seau.
Pour éteindre votre flamme
J'lui dis : Faut-il un' voi' d'eau ?

Le matin d'un pas agile, etc.

ANDRÉ.
Madeleine, t'as l'air gai... ché signe que le père va mieux che matin.
MADELEINE.
Oui, père André, je l'ai embrassé... mais cha le chagrine, le pauvre père, de se voir à l'hospice...
ANDRÉ.
Dam ! tant que tu l'as pu, tu l'as gardé à la chambre... mais quand les moyens ont manqué.
MADELEINE.
Il a ben fallu avoir recours à l'Hôtel-Dieu. C'est à c'moment-là que j'aurais désiré rencontrer ce grand seigneur à qui j'ai eu le bonheur de sauver la vie dans nos montagnes.
ANDRÉ.
Un grand cheigneur... tu ne m'as jamais conté cha.
MADELEINE.
Après tout, à quoi que cha chervirai de le rencontrer, je ne le reconnaîtrais pas, puiche que nous ne nous sommes jamais vus ni l'un ni l'autre.
ANDRÉ.
Oh ! c'est curieux, ça... par exemple.
MADELEINE.
C'était quelque temps après la mort de ma pauvre mère... je faisais paître mes chèvres sur le sommet du pic du Saint-Géran, quand tout-à-coup un orage affreux éclate... des blocs de neige se détachent de la montagne, et je me vois sur le point d'être engloutie avec mon troupeau. Saisie d'épouvante, je tombe à genoux et je redis avec ferveur le saint cantique de ma divine patrone.

* L'actrice, chargée du rôle de Madeleine, devra le patoiser le plus possible dans le premier acte. Aux second et troisième actes le patois devra être moins sensible.   NOTE DES AUTEURS.

Air nouveau de M. Thys.

Notre-Dame de Limagne.
Patronne de la montagne.
Vois mon danger !
Daigne écouter la prière
De la pauvre chevrière,
Et viens la protéger !

O prodige ! l'avalanche s'arrête... A ce moment, un cri déchirant frappe mon oreille... je regarde autour de moi, et, à la lueur des éclairs, j'aperçois un voyageur retenu par quelques pointes de rocs sur le penchant d'un précipice... encore un instant, et il va tomber dans l'abîme !.. aussitôt, au péril de ma vie, je descends dans le gouffre... je parvins à saisir le malheureux... avec des efforts inouis, je le ramène au bord du chemin, et je tombe évanouie auprès de celui que je venais de sauver.
ANDRÉ.
Oh ! la petite intrépide !
MADELEINE.
Le lendemain, j'étais couchée dans ma chaumière... et à mon chevet, brillait une bourse contenant vingt louis d'or.
ANDRÉ.
Vingt louis d'or !.. ben sûr c'était un grand seigneur... et depuis tu n'as pas su ce qu'il était devenu ?.. c'est drôle de se sauver comme ça de ceux qui vous sauvent.
MADELEINE.
Ce fut peu de jours après que mon père m'appela à Paris... Je vendis mes chèvres... j'abandonnai ma cabane, et le voyageur, s'il m'a redemandée, n'aura pas eu les moyens de me revoir, puisque je n'étais plus à la montagne... Mais je jase, et j'oublie mes meilleures pratiques.. le café Procope... justement, c'est l'heure où tous les savans vont y déjeûner... et il n'y a pas une goutte d'eau... je vas remplir mes seaux à leur intention.
ANDRÉ.
Et moi aussi,
MADELEINE.
A propos, père André, M. Joseph devient bien rare... voilà plus de huit jours que je ne l'ai vu.
ANDRÉ, à part.
Pauvre petite.
(Ils vont à la fontaine, emplissent leurs seaux et sortent.)

SCÈNE IV.
ZÉLIE, FLORICOURT.

ZÉLIE, en dehors.
Non, monsieur, non.
FLORICOURT.
Allons, ma chère Zélie, un peu de bonne volonté... c'est votre époux qui vous prie, et votre maître de ballet qui vous implore.
ZÉLIE, à part.
Gagnons du temps. (Haut.) Je vous déclare que je ne marcherai pas, que je ne veux plus marcher... les pieds d'une danseuse ne sont pas faits pour cela.
FLORICOURT.
Mais l'Opéra est à deux pas d'ici.

ZÉLIE.

Quand il n'y en aurait qu'un, je ne le ferais
point... cela vous décidera peut-être à m'acheter
ce que je vous demande depuis si long-temps...
une chaise à porteur ou une vinaigrette roulante
attelée d'un seul homme... suis-je donc si exigeante. (A part regardant au fond avec impatience.)
Personne !

FLORICOURT.

Mais, ma bonne amie...

ZÉLIE.

Un mot de plus, et j'exige un équipage.

Air du Colleur.

Ah ! dans mon emploi,
Aussi vive que l'hirondelle .
Le destin, je croi,
Devrait pour moi,
Changer sa loi...
Et je me rendrais.
Où je voudrais.
A tire-d'aile ;
A travers les airs,
Rapide comme les éclairs.
Ainsi que les éclairs,
Je veux fendre les airs.

Quand mon pied léger
Sait voltiger,
C'est trop pénible !
S'il faut me lasser
A marcher et non à danser.
C'est un fait ;
Il est
Rabaissant pour un pied sensible
Et bien élevé,
De sentir, hélas ! le pavé.
Oui, dans mon emploi, etc.

(Regardant au fond, à part.)

Cette lettre n'arrivera donc pas ?

FLORICOURT.

Eh bien, vous l'aurez, votre vinaigrette... mais
de grâce, ma minerve , prenez mon bras et rendons-nous à la répétition.

ZÉLIE.

Impossible mon ami,* j'ai le coude-pied horri-
blement fatigué... le moindre jeté-battu me don-
nerait une entorse... j'en ai le pressentiment
dans les mollets.

FLORICOURT.

Je vous en supplie ! faites un effort... imitez-
moi... je ne me porte pas bien... cela se voit assez à la manière dont je maigris depuis quelque
temps... mais l'amour de la gloire me soutient.

ZÉLIE.

Je ne danserai pas ! quand même il s'agirait
de sauver une jambe à mon père.

FLORICOURT.

Mais il s'agit de mon ballet ; c'est bien plus im-
portant.

⁂⁂⁂⁂⁂⁂⁂⁂⁂⁂⁂⁂⁂⁂⁂⁂⁂⁂⁂⁂⁂⁂⁂⁂⁂⁂⁂⁂

SCÈNE V.
LES MÊMES, UN DOMESTIQUE.**

LE DOMESTIQUE.

M. Floricourt, voici une lettre de la part de
monseigneur.

* Floricourt, Zélie.
** Floricourt, Zélie, le Domestique.

ZÉLIE, à part.

Enfin.

FLORICOURT, décachetant la lettre.

Une lettre du prince !

FLORICOURT, donnant la lettre à Zélie.

Tiens, ma bonne amie, tu sais que depuis mon
enfance j'ai toujours eu beaucoup d'aversion
pour la lecture...

ZÉLIE, lisant.

Mon cher Floricourt. (A part.) En style allé-
gorique, cela signifie, ma chère Zélie.

FLORICOURT.

Continue.

ZÉLIE.

« Je désirerais vous consulter au sujet d'une
»fête que j'ai l'intention de donner... faites-moi
»donc le plaisir, au reçu de ce billet, de vous
»rendre près de moi. »

FLORICOURT.

Diable ! cet ordre du prince arrive bien mal à
propos... ma répétition qui me réclame.

ZÉLIE, qui a lu.

L'obstacle est prévu... (Elle continue.) « Si vos
»travaux vous retiennent au théâtre , il y a un
»moyen de concilier mon désir et vos affaires...

FLORICOURT.

Prince magnanime ! il pense à tout.

ZÉLIE, continuant.

« Priez votre charmante Zélie de vouloir bien
»vous remplacer dans notre conférence... c'est
»une autre vous-même pour la complaisance et
»le bon goût. » Ah ! trop flatteur !

FLORICOURT.

Oui... mais ta lassitude, ta crainte des en-
torses...   ZÉLIE.

Mon Dieu ! puisqu'il le faut, je ferai une im-
prudence... j'irai chez le prince... Ma vie n'est-
elle pas un sacrifice continuel à vos intérêts... et
vous ne m'appréciez pas , ingrat.

FLORICOURT.

Ah! Zélie, il faudrait être un Quinze-Vingt
pour ne pas voir ce qu'il y a d'héroïque dans
votre dévouement.

LE DOMESTIQUE.

La voiture de monseigneur est aux ordres de
madame.   ZÉLIE.

C'est bien.

FLORICOURT.

Adieu, mon ange.   (Il lui baise la main.)
MADELEINE, sortant après avoir empli ses seaux à
la fontaine.

A l'eau !

(En regardant en l'air. elle heurte de son seau le vicomte qui entre, et lui mouille la jambe.*)

LE VICOMTE.

Petite sotte !

MADELEINE.

Echecujez, mocheu.

LE VICOMTE, après l'avoir regardée.

Si tu n'étais pas aussi jolie...

ZÉLIE, riant.

Ah ! ah ! ce pauvre vicomte !

LE VICOMTE.

Salut à Zéphir et à Terpsichore.

FLORICOURT.

Bonjour, vicomte. Va vite, Zélie , ne fais pas
attendre les chevaux du prince.

* Le vicomte, Madeleine, Zélie, Floricourt.

ZÉLIE.

Au revoir, vicomte.

LE VICOMTE, saluant,

Belle dame...   (Zélie sort suivie du domestique.)

SCÈNE VI.

LE VICOMTE, FLORICOURT.

LE VICOMTE.

Ah ça ! mon bon, comment allez-vous ce matin?

FLORICOURT.

Bien doucement, vicomte... je dépéris beaucoup.

LE VICOMTE.

Pauvre garçon ! Ah ! damé, mon cher, voilà ce qué c'est que d'être un danseur à la mode... l'on né sait à laquelle entendre, et la beauté est exigeante.

FLORICOURT.

A qui le dites-vous, vicomte.

Air de Julie.

Vrai disciple de Terpsichore,
Mon bonheur est de voltiger;
Pour chaque femme que j'adore,
Je suis le papillon léger,
L'amour a dépouillé ma nuque ;
A la beauté, pour preuve de mes feux,
J'ai tant donné de mes cheveux,
Qu'aujourd'hui je porte perruque.

LE VICOMTE.

Moi, mon bon, c'est bien différent, avec les cheveux que les belles m'ont donnés, j'aurais de quoi mé faire une et même deux perruques à la Louis XIV... Il me paraît, mon bon, que la danse et les danseurs sont plus que jamais en faveur.

FLORICOURT.

Parbleu ! je le crois bien... dans notre siècle les ballets sont aussi utiles que le pain blanc... ils sont même plus utiles, car s'il n'y avait pas de pain blanc, il y en aurait d'une autre couleur... mais les ballets, le gouvernement ne pourrait pas marcher sans cela.

LE VICOMTE.

Vous croyez...

FLORICOURT.

Les jambes des danseuses sont la cheville ouvrière de la diplomatie... Par exemple, l'ambassadeur de Prusse ou un autre, n'importe, veut savoir ce que le roi de Maroc a dans l'esprit, il va...

LE VICOMTE.

A Maroc.

FLORICOURT.

Non ; il va à l'Opéra, il emprunte un diable rose ou bleu, un ange bouffi ou une nymphe plus ou moins vêtue de feuillages... il donne le mot d'ordre à la sylphide... celle-ci s'en va frapper sans façon chez l'ambassadeur du roi de Maroc et lui dit : Monseigneur, je viens vous apprendre à danser le menuet ou la boulangère... Ça flatte le Maroquin... Il se met à la première ou à la troisième position... (Fredonnant l'air du menuet d'Exaudet.) Tra la la, tra la la, tra la lère... On dit, monsieur l'ambassadeur, que votre souverain fait des préparatifs de guerre... (Continuant l'air.) Tra la la la la la la... Le jarret plus tendu. Combien pouvez-vous mettre d'hommes sur pied? Tra la la la la... la pointe en dehors... Le roi de Maroc a-t-il dans ce moment le gousset bien garni ? Tra la la la la lère... A la seconde figure, le Maroquin répond à toutes les questions, et on ne peut plus arrêter ses entrechats ni ses confidences... Il en ferait comme ça jusqu'à la fin du monde.

LE VICOMTE, riant.

Cela m'explique pourquoi les danseuses ont une préférence marquée pour les ambassadeurs, moi j'en ai une pour vous, mon bon, et je viens vous apporter une bonne nouvelle.

FLORICOURT.

Qu'est-ce donc?

LE VICOMTE.

Je viens vous demander à déjeûner.

FLORICOURT.

Il appelle ça une bonne nouvelle.

LE VICOMTE.

Je sors de chez le prince où j'ai toujours mon couvert mis... mais la marmite était renversée, il venait de partir pour sa petite maison... vous savez, son temple de l'Amour, comme il l'appelle.

FLORICOURT.

Mon pauvre vicomte, vous êtes victime d'une gasconade de cour, le prince n'est pas à sa petite maison,.. la preuve, c'est que ma femme vient de se rendre près de lui.

LE VICOMTE, à part.

Cadédis, raison de plus, au contraire... Pauvré mari, il n'y voit pas plus loin que son nez... (Haut.) Quoiqu'il en soit, mon bon, je meurs de faim, et brave comme je le suis, c'est la seule mort que je redoute. Allons déjeûner.

FLORICOURT.

Vous jouez de malheur aujourd'hui, vicomte, j'ai déjeûné et je me rends à la répétition de mon ballet*.

LE VICOMTE.

Eh ! mon cher, faites vos affaires, jé déjeûnerai sans vous... chez vous ; ce sera un plaisir de moins pour moi, mais au moins vous pourrez dire à ceux que vous rencontrerez : J'ai dans ce moment à ma table un capitaine du guét, lé noble vicomte d'Echignac; j'aime les artistes, moi... Si je n'avais été lé fils dé mon noble père, j'aurais voulu être M. de Racine ou M. de Raphaël. Et pourtant j'aurais furieusement dérogé ; car ma noblesse remonte au temps des patriarches ; mon grand oncle maternel était propriétaire d'une maison à cinq étages dans le pays des Philistins.

Air de Grisar. (Lady Melvil.)

Vicomte d'Echignac,
Dé Nérac,
Dé Launac,
Baron de Bergérac,
Dé Jémac,
Jé tiens aux d'Armagnac,
Et dé par l'almanach,
Jé descends, sans mic-mac
D'Isaac.

Mes aïeux ont semé leur gloire,
On le sait, sur plus d'un bivouac :
Ils vous gagnaient une victoire,
Comme une partie au tric-trac.

* Floricourt, le vicomte.

Non jamais leur honneur ne bouge,
Et l'un d'eux, assis au tillac,
Périt bravement sur le bac,
Au passage de la mer Rouge !

Vicomte d'Échignac, etc.

SCÈNE VII.

FLORICOURT, PROCOPE, LE VICOMTE.

PROCOPE.

Enfin, monsieur le vicomte, je vous trouve... voilà assez long-temps que je vous cherche... M. Floricourt, je vous salue.

FLORICOURT.

Bonjour, Procope.

LE VICOMTE.

Que me veux-tu, limonadier ?

PROCOPE.

Vous remettre pour la dix-septième fois cette petite note, M. le vicomte, qui se monte à 497 livres...

LE VICOMTE.

Et c'est pour une pareille bagatelle qué tu viens mé déranger... si tu n'es pas payé depuis long-temps, c'est ta faute... Pourquoi as-tu cessé dé mé faire crédit ?

PROCOPE.

Dame, j'ai cessé... parce que votre compte se serait bientôt élevé à 1000 livres.

LE VICOMTE.

Hé bien !.. c'est précisément cé qué j'attendais pour té solder... Un hommé commé moi paye 1000 livres... mais 497 ! fi donc ! c'est bon pour des petites gens !

FLORICOUT.

Et le vicomte tient à ne pas déroger.

LE VICOMTE.

Certainement.

PROCOPE.

Cependant j'ai besoin de faire mes rentrées... les affaires ne vont pas assez bien...

FLORICOURT.

Comment donc ? est-ce que ton café n'est pas toujours le rendez-vous de nos illustres savans, de nos célèbres critiques. La semaine dernière, n'y a-t-on pas encore joué aux dominos le succès de la nouvelle comédie de l'abbé Pellegrin ?

PROCOPE.

Hélas ! cela est vrai.

Air de la Colonne.

Des beaux esprits chez moi la foule abonde,
    Et j'en ai même beaucoup trop ;
Car ces messieurs savent tout dans le monde,
    Excepté payer leur écot ;
    Ils ne paient jamais leur écot.
Ah je serais bien plus à leur service,
    Sans boire, s'ils parlaient si bien ;
Je me dirais : ils ne consomment rien,
    C'est toujours ça de bénéfice.

Mais au lieu de cela, ces maudits savans font une dépense d'enfer, et ils ne passent jamais au comptoir.

LE VICOMTE.

C'est dans la crainté dé voir ta vilaine figure, mon pauvre Procope... Ah ! si, comme ton nou-veau rival, le café de la Régence, tu avais une jolie limonadière, il y aurait du plaisir à lui payer sa consommation.

PROCOPE.

Vous croyez.

FLORICOURT.

Certainement...

PROCOPE.

C'est une idée que vous me donnez là

LE VICOMTE.

Ce sera un à compte sur mon mémoire.

PROCOPE.

Assignez-moi au moins une époque pour me le payer...

LE VICOMTE.

Encore... Tu me fais penser qu'hier, étant de garde, une patrouille m'a prévenu, qu'à onze heure ton café n'était pas encore fermé...

PROCOPE.

C'est faux, je vous l'assure.

LE VICOMTE.

Oh ! mon cher, la patrouille né ment jamais... Je n'en ai encore rien dit à M. le lieutenant de police...

PROCOPE.

Mais je vous jure, M. le vicomte...

LE VICOMTE.

Envoie demain matin chez moi ton garçon, ton argent sera prêt... et mon rapport aussi.

PROCOPE.

Moi, envoyer chez vous, par exemple... vous me payerez quand vous aurez le temps... je ne suis pas pressé...

LE VICOMTE.

Non, non... je tiens à m'acquitter... Tu pourras bien en avoir pour quinze jours de prison.

FLORICOURT, regardant sa montre.

Midi. La répétition était pour onze heures, voici le moment de m'y rendre. Vicomte, je vous laisse.

LE VICOMTE.

Floricourt, jé vous le permets *; jé vais me faire servir à déjeûner chez vous ; je tiens à vous donner cette marque dé ma bonté.

FLORICOURT, à part.

Il ne veut pas en démordre (haut). Adieu, donc.

LE VICOMTE.

Au revoir, mon bon.

Air : Lorsque vous serez en Russie. (3e acte du Bonheur.)

    Pour prouver combien je vous aime,
    Chez vous je m'en vais déjeûner.
    Entre amis voilà mon système,
    Il ne faut jamais se gêner.
(A Procope.)
    D'avoir ton argent, s'il te tarde,
    Viens le chercher à la maison ;
    Mais tu pourras bien, prends-y garde,
    Aller le compter en prison.

ENSEMBLE.

Pour me/lui prouver combien il m'/je l'aime,
Il va chez moi / Je vais chez lui bien déjeûner.
Entre amis voilà son système,
Il ne faut jamais se gêner.

* Floricourt, le vicomte, Procope.

PROCOPE, déchirant le mémoire.
Tenez, M. le vicomte, voici votre note...
LE VICOMTE.
J'ai pitié dé ton repentir, mon bon... jé né ferai pas mon rapport.

SCÈNE VIII.
PROCOPE, seul.

Maudit gascon... voilà mon mémoire payé... Mais c'est égal, il m'a donné une bonne idée... Ah! le café de la Régence a une jolie limonadière, et bien, moi je veux en avoir une belle, une superbe, une magnifique... Oui, mais où la trouver...

SCÈNE IX.
PROCOPE, MADELEINE.

PROCOPE.
Ah! c'est toi, Madeleine.
MADELEINE.
Je viens de remplir votre fontaine.
PROCOPE.
C'est bien... Tiens, voilà tes deux sous.
MADELEINE.
Oh! cha ne prechait pas, M. Procope.
PROCOPE.
Qu'as-tu donc... on dirait que tu as pleuré... est-ce que ton père irait plus mal.
MADELEINE.
Oh non, mocheu Procope, au contraire, il va chortir de l'hospice.
PROCOPE.
Eh bien, alors.
MADELEINE.
Chest que, voyez-vous, on vient de me dire, à l'Hôtel-Dieu, qu'il n'y a que l'air natal qui pourra le rétablir tout-à-fait.
PROCOPE.
Eh bien, il faut l'envoyer passer cinq ou six mois au pays... Le ciel des marmottes le remettra.
MADELEINE.
Chertainement... mais je n'ai pas d'argent...
PROCOPE.
Ah! voilà... (A part.) Plus je la regarde... mais c'est qu'elle est fort bien.
MADELEINE.
Et je ne chais pas où en trouva.
PROCOPE, à part.
Où en trouva? Elle parle un peu charabia, par exemple, mais avec deux mois de leçons... et puis je pourrais la faire passer pour une étrangère, pour une Espagnole. —L'espagnol est le cousin-germain du charabia.*(Haut.) Quelle somme te faudrait-il pour le voyage de ton père, et son séjour au pays?
MADELEINE.
Oh! une chomme énorme, mocheu Procope, au moins chinquante écus.
PROCOPE.
Chinquante écus! Eh bien, ma fille, je consens à te les avancer.
MADELEINE.
Vraiment! ah che cherait un beau trait... mais

* Madeleine, Procope.

c'hest qu'il faudra bien des voies d'eau pour m'acquitta.
PROCOPE.
C'est à une autre condition.
MADELEINE.
Ah! il y a une autre condition.
PROCOPE.
Dabord... dis-moi, mon enfant, ton éducation a-t-elle été un peu soignée. Sais tu lire?
MADELEINE.
Passablement, pour quelqu'un qui n'en fait pas son état.
PROCOPE.
Elle sait lire.
MADELEINE.
Ah! cha, est-che que vous voulez me prendre pour tenir vos régistres mocheu Procope.
PROCOPE.
Tu n'y es pas... je veux faire de toi une divinité en grande tenue... une espèce de fée, des pieds à la tète... qu'on n'osera pas regarder, tant elle sera reluisante, étincelante et éblouissante.
MADELEINE.
Ah! qu'est-che que vous dites là? moi, une fée éblouissante.

Air : Depuis long-temps j'aimais.

Je veux qu' des bijoux par'nt tes grâces,
Je veux, si tu suis mes conseils,
Que tes charmes, par trente glaces,
Se réfléchissent comme trente soleils;
Je veux placer parmi des touff's de roses,
Des vers luisans dans tes cheveux;
Enfin, Madeleine, je veux tant de choses,
Que je n'sais pas ce que je veux.

MADELEINE.
Ah! mon Dieu!..
PROCOPE.
Enfin! je veux que tu deviennes ma demoiselle de comptoir! tu commanderas à tous mes garçons, avec une sonnette en argent massif.
MADELEINE.
Comme le carillon de la Samaritaine.
PROCOPE.
Je t'enverrai passer trois mois chez une de mes parentes qui fait des éducations, et tu reviendras à Paris, instruite comme la première limonadière du globe...
MADELEINE.
Oh! je n'oserai pas M. Procope... j'nons pas l'habitude des panaches, voyez-vous... je n'chaurai jamais faire les beaux bras dans un comptoir.
PROCOPE.
Tu n'auras, pour ça, qu'à porter des manches courtes...
MADELEINE.
Ah! ben, ch'est alors qu'elles en feraient de che train, de ches histoires! les payses, les auvergnates, si elles me voyaient reluisante comme vous dites!.. (A part.) Et Joseph qu'est-che qui pencherait. (Haut.) Merchi, moncheu Procope. mais, vrai, là, je ne peux pas.
PROCOPE.
Songes-y bien, Madeleine, il s'agit de rendre la santé à ton père, si tu refuses ma proposition, il ne pourra pas aller se rétablir dans son pays natal.
MADELEINE.
Oh! chette crainte-là devrait me déchider...

chependant... Écoutez, mocheu Procope... je vas tout vous dire : j'aime un garchon du pays qui je le crois m'aime ben aussi. Depuis long-temps nous chommes promis l'un à l'autre, et vouc comprenez qu'avant de prendre une pareille déterminachion, il faut que je le consulte, que je lui demande chon avis.

PROCOPE.

C'est tout naturel, mon enfant.

MADELEINE.

Justement le voichi qui vient de ce côté...

PROCOPE.

Eh bien ! je vous laisse ensemble... j'ai quelques emplettes à faire chez l'épicier du coin, et en revenant je prendrai ta réponse définitive.

MADELEINE.

Chest cha, mocheu Procope, vous me retrouverez à la fontaine.

PROCOPE.

Soit.

SCÈNE X.

MADELEINE, seule.

Comment Joseph va-t-il prendre la chose... oh ! il ne voudra pas... j'en ai bien peur... il chera jaloux que je soye attifée dans jun comptoir... il m'aime tant, ce garchon-là... oh ! le v'là.

SCÈNE XI.

JOSEPHE, MADELEINE.

JOSEPH, entrant.

Encore déménagée ! Mlle Corisandre demeure, depuis la semaine dernière, rue Brise-Miche ; j'ai été forcé de revenir sur mes pas.

MADELEINE, descendant la scène.

Bonjour, M. Joseph.

JOSEPH, à part.

Madeleine !... elle a dit : M. Joseph... Bon, le père André lui a parlé. (Haut.) Ah ! c'est vous Mlle Madeleine

MADELEINE.

Oh ! excusez... v'là qui dit mamzelle Madeleine, à présent... c'est-il parce que j'ai dit M. Joseph... une autre fois je dirai Joseph tout court... quand on est pays... qu'on a été élevé dans la même montagne, et qu'on cha promis d'être homme et femme.

JOSEPH, à part.

Homme et femme... le père André ne lui a rien dit... ma foi tant pis, portons-lui le grand coup ce sera une affaire terminée.

MADELEINE.

Eh ben ! v'là tout che que vous me dites.

JOSEPH, à part.

Tournons-lui la chose en apologue à l'instar de M. Lafontaine. (Haut.) Mamzelle Madeleine. (A part.) O grand fablier, toi qui as si bien fait parler les bêtes, inspire-moi.. Écoutez-moi, Madeleine... Madeleine, écoutez-moi... Il y avait une fois, dans les montagnes d'Auvergne, une jeune bruyère et un jeune sapin... ils ne tardèrent pas à s'aimer et à se promettre de s'épouser devant M. le curé de la paroisse ; mais il arriva qu'en grandissant tous les deux, la bruyère resta toute petite, tandis que le sapin devint un homme magnifique... si bien que la bruyère ne lui allant plus qu'au mollet, il la regarda un peu du haut de sa grandeur. Alors la bruyère pleura, et lui tint à peu près ce langage... Sapin, tu te comporte, avec moi comme un pas grand'chose, tu m'avais promis d'être le père de mes enfans, et à présent tu n'as pas l'air de me connaître... allez vous êtes un sapin sans foi ni loi... Bruyère, lui répondit, son amant avec dignité, vos larmes me fendent... l'écorce ; mais quand je vous ai promis ma main, je ne savais pas que nous étions nés, vous pour ramper et moi pour m'élever, et à présent que je m'élève, je ne puis que vous souhaiter bonne chance avec un autre, adieu donc, mes complimens chez vous...... La bruyère comprit les raisons du sapin... elle épousa un mûrier sauvage de sa connaissance et ils eurent beaucoup d'enfans.

MADELEINE.

Eh bien ! quecque cha veut dire ?

JOSEPH.

Vous ne comprenez pas... Elle ne comprend pas... Madeleine, la morale de la fable, c'est que vous êtes la bruyère et moi je suis le sapin.

MADELEINE.

Et vous voulez que j'épouse un mûrier sauvage? Ah ! ch'est affreux.

JOSEPH.

Bruyère, je sais d'avance tout ce que vous allez me dire... mais je m'en réfère à la réponse du susdit sapin.

MADELEINE.

Ah !.. je comprends à chette heure ; s'il mettion arrivé à moi queuque chose d'heureux... si j'avions eu un héritage ou que j'aye retrouvé mon prince que je ne cherche pas... et qui ne me cherche pas non plus, je vous aurais dit, moi... soyez mon mari... il vous est tombé, à vous, une bonne aubaine... et vous venez me dire... tu ne seras pas ma femme... Ah ! ah ! monsieur Joseph ce que vous faites là... c'est pas auvergnat...

JOSEPH, à part.

Je me croyais plus fort que ça, la bruyère me fait de la peine.

MADELEINE.

Air de Taconnet.

Vous souvient-il quand ma mère vivait,
Nous lui jurions, au foyer d'la chaumière.
De nous unir, alors ell'souriait,
C't espoir la soutenait à son heure dernière.
Du haut des cieux elle peut aujourd'hui,
Ici, nous voir, et cela me console.
Tu viens d'l'entendr', ma mèr', tu vois qu' c'est lui
qui ne veut plus nous tenir sa parole,
Il ne veut plus nous tenir sa parole.
Tu viens d'l'entend', ma mère, tu vois qu' c'est lui
Qui ne veut plus nous tenir sa parole.

JOSEPH, à part.

J'ai là comme un noyau de cerise qui ne veut pas passer... (Haut.) Mais, mamzelle Madeleine... on sera toujours amis... très bons amis.

MADELEINE, pleurant.

Oh ! ch'est affreux...

JOSEPH, à part.

Elle a raison... je me conduit comme un homme de rien...

MADELEINE.

Allez ! ch'est fini entre nous, et maintenant, vous ne me reverrez plus jamais.

(Elle va à la fontaine en pleurant.)

SCÈNE XII.

FLORICOURT, JOSEPH, MADELEINE, au fond.

JOSEPH.

Madeleine... O ambition !.. ô ambition !..

FLORICOURT.

Enfin, vous voilà, monsieur Joseph... et cette mademoiselle Corisandre.

JOSEPH.

Je n'ai pas encore pu la trouver.

FLORICOURT.

Vous êtes un maladroit.

JOSEPH.

Mais monsieur Floricourt ce n'est pas ma faute si vos danseuses sont comme la lune, si elles changent toutes les semaines de quartier.

FLORICOURT.

Vous êtes cause que ma répétition n'a pas pu avoir lieu. Vous êtes un imbécille, un paresseux ; et à dater de ce jour, je vous défends de remettre les pieds à l'Académie royale de musique.

JOSEPH.

Comment ! vous me remerciez...

FLORICOURT.

Je ne vous remercie pas... je vous chasse...

(Il rentre chez lui.)

SCÈNE XIII.

JOSEPH, MADELEINE et PROCOPE, au fond.

JOSEPH.

Il me chasse...

PROCOPE, à Madeleine.

Eh bien ! Madeleine, êtes-vous décidée !

MADELEINE.

Oui, mocheu Procope... j'accepte votre proposition.

JOSEPH, à part.

Me voilà sur le pavé.

PROCOPE.

Je tiens ma belle limonadière.

FIN DU PREMIER ACTE.

ACTE II.

Le théâtre représente l'intérieur du café Procope.—Au fond, le comptoir, Au lever du rideau, les tables sont occupées par des consommateurs.

SCÈNE I.

MADELEINE, élégamment costumée, est au comptoir ; LE VICOMTE, debout, fait le galant auprès d'elle.

CHOEUR.

Air de Farinelli.

Garçon, garçon, on vous appèle ;
Répondez donc, et servez-nous.
Montrez-nous un peu plus de zèle ;
Dépêchez-vous, dépêchez-vous !

LE VICOMTE, à Madeleine.

En vérité, belle Floresca, tout en vous est parfait... figure divine, bras fait au tour, et main ravissante.

MADELEINE.

Monsieur...

LE VICOMTE, à part, en descendant la scène,

Monsieur... Elle n'a que ce mot à répondre... Heureusement, son regard parle mieux le français que sa bouche... et je traduis facilement la flamme que ses yeux me lancent...

(Les consommateurs se lèvent de table, les uns après les autres, passent au comptoir, paient en faisant quelques complimens à la limonadière, et sortent. A la fin de la scène, ils ont tous quitté le café.)

*LE VICOMTE, à Procope.

Eh bien ! mon bon, tu dois être satisfait : la foule abonde, tu es sur la route de la fortune, et c'est moi qui t'en ai ouvert la porte.

PROCOPE.

Ah ça ! c'est vrai, sans vous, je n'aurais jamais pensé à tirer parti d'un physique de limonadière.

LE VICOMTE.

Tu te serais contenté du tien... mais le public est plus difficile que toi, mon cher... il se précipite comme un torrent dans ton établissement, depuis qu'il ne te voit plus au comptoir.

PROCOPE.

Je le remarque avec orgueil.

LE VICOMTE.

Mais comment diable, mon bon, as-tu pu découvrir en Espagne une beauté de ce numéro ? c'est sans doute un confrère de Cadix ou de Madrid qui te l'a expédiée avec une balle de café.

PROCOPE.

Quoi qu'il en soit, monsieur le vicomte, je vous garantis ma limonadière, espagnole pure race...

LE VICOMTE.

Je m'en rapporte à toi. (A part.) Je serais flatté de remporter une victoire amoureuse sur le pays des mandolines et des castagnettes...

Air : Vos maris ou Palestine.

J'ai vaincu des Italiennes,
Aux Russes, j'ai fait la cour,
Aux Anglaises, aux Prussiennes,
Aux belles du Meklembourg,
Et même du Luxembourg.
Je me fie à ta parole,
Car, autrement, pas si fou,
De courir le guilledou,
Pour atteindre une Espagnole,
Native du Gros-Caillou,
De Nanterre ou de Chatou,

* Procope, le Vicomte.

Ou

Saint-Ouen , Saint-Maur, Saint-Cloud.
(Procope dessert une table, à gauche.)

SCÈNE II.

MADELEINE, au comptoir; FLORICOURT, LE VICOMTE.

FLORICOURT, à Madeleine , en entrant.

Bonjour, reine des cœurs...

MADELEINE.

Monsieur...

FLORICOURT, à part.

La belle Floresca est si troublée en ma présence, qu'elle ne peut trouver que le premier mot de sa phrase.

(Le Vicomte se retourne, et, apercevant Floricourt.)

Bravo, bravo !..　　　　　(Il applaudit.)

FLORICOURT.

Eh bien ! Vicomte, qu'est-ce qui vous prend donc?

LE VICOMTE.

Mon cher, aussitôt qué jé vous aperçois... je sens un mouvement convulsif dans mes poignets. Il faut qué jé vous applaudisse, c'est plus fort qué moi : je crois toujours vous voir sur la scèné dé l'Opéra...

FLORICOURT.

Ainsi , mon ballet de Mars et Vénus vous a fait plaisir?

LE VICOMTE , à part.

Je ne l'ai pas vu. (Haut.) S'il m'a fait plaisir, sandis... Il m'a ravi, transporté... je me croyais au paradis, dans la logé dé Jupiter.

FLORICOURT.

Ce cher Vicomte... Voyons, sans flatterie... comment m'avez-vous trouvé en Mars?

LE VICOMTE.

Mais, mon bon, je vous ai trouvé en mars... commé jé vous trouve en avril, en mai, en décembre... Sublime... vous êtes sublime pendant les douze mois de l'année...

FLORICOURT.

Ce n'est pas cela... je vous parle du rôle de Mars dans mon ballet... Etais-je bien le personnage?...

LE VICOMTE.

Vous étiez le portrait fidèle de ce Dieu... Seulement, le portrait était un peu flatté... Vous étiez mieux que l'original.

FLORICOURT.

Vous concevez que le théâtre a ses exigences : nous devons embellir la nature. Et, dans la danse, avez-vous été content de moi?..

LE VICOMTE.

Ah! dans la danse, je dois vous le diré, vous m'avez fait de la peine.

FLORICOURT.

Comment, de la peine ?

LE VICOMTE.

Oui, mon bon...

Air de Mazaniello.

En entendant toute la salle,
A tour de bras, vous applaudir,
En vous voyant, comme uné balle,
Sur le théâtre rébondir,
Bien que vous fussiez admirable,
Tout bas je vous plaignais , mon cher ;
Jé mé disais : Lé pauvre diable,
Comme il doit s'ennuyer en l'air !

FLORICOURT.

C'est un peu exagéré ; mais c'est égal, il y a du vrai dans ce que vous dites , car bien souvent je ne retombe sur terre que par égard pour mes camarades.　　　　(Il prend un peu de tabac.)

LE VICOMTE.

Ah ! vous avez là une boîte qui mé paraît assez jolie.

FLORICOURT.

C'est un présent de la reine d'Espagne pour mon avant-dernier ballet. A chaque nouvel ouvrage que je produis, je vois tomber dans mes poches une averse européenne de tabatières; j'en ai déjà soixante-trois, dont dix-neuf ayant servi à des nez couronnés.

LE VICOMTE.

En vérité?

FLORICOURT.

Et le prince ne tardera pas, sans doute, à me donner la sienne.

LE VICOMTE.

Et moi qui ne vous en ai pas encore donné une seule... Ah! sandis, mon bon , je réparerai cet oubli.

FLORICOURT.

J'accepterai avec plaisir... (A part.) Je ne compte pas beaucoup dessus... (Haut) Procope, fais-moi servir une bavaroise.

LE VICOMTE,

Procope, fais servir deux bavaroises. J'accepte l'offre que Floricourt a eu l'intention de me faire.

FLORICOURT.

Vous êtes trop bon.

(Ils s'asseyent tous deux à une table à gauche.)

PROCOPE ,* bas à Madeleine pendant qu'un garçon sert les deux bavaroises.

Madeleine, je vous en prie, continuez à vous bien observer. Parlez le moins possible ; il vous échappe encore certains mots...

MADELEINE.

Choyez tranquille...

PROCOPE , à part.

Choyez tranquille : c'est justement ces mots-là qui m'empêchent de l'être.

FLORICOURT.

Procope... j'ai une bonne nouvelle à t'apprendre **... Le prince, pour célébrer l'immense succès de mon dernier ouvrage, a convié à un gala tous les artistes qui dansent dans mes ballets, et, à ma sollicitation , c'est chez toi que le repas aura lieu.

PROCOPE.

Quelle belle occasion d'inaugurer mon petit salon du premier... Je veux vous servir comme par enchantement... Je vole donner mes ordres... Laissez-moi voler.

SCÈNE III.

LES MÊMES excepté PROCOPE.

MADELEINE , se levant du comptoir.

M. Procope me laisse seule avec eux... Évitons leur converchachion.　　(Elle sort du comptoir ***.)

LE VICOMTE, arrêtant Madeleine.

Vous nous fuyez, ma gracieuse limonadière.

* Floricourt, Le Vicomte ,Madeleine au comptoir, Procope.
** Floricourt , le Vicomte, Procope.
*** Floricourt, Madeleine , Le Vicomte.

FLORICOURT.
Nous allons sans doute faire de nouveaux frais de toilette pour éblouir le prince.

LE VICOMTE.
Et à quoi bon...
«L'art n'est pas fait pour toi, tu n'en as pas besoin...»

FLORICOURT.
Vicomte, vous avez un langage d'une familiarité... Vous allez faire rougir Floresca.

LE VICOMTE.
Parce que je lui dis les vers que le jeune Arouet de Voltaire a mis dans la bouche du turc Orosmane... Vous n'êtes pas fort, mon cher Floricourt... Faites des pirouettes, mon bon... faites des pirouettes...

FLORICOURT.
Et vous, mon cher, allez commander vos patrouilles du guet... Je ne crois pas que la belle Floresca vous voie ici avec une grande satisfaction... Hein! qu'en dites-vous?

LE VICOMTE.
N'est-ce pas, ma charmante, que le papillon de Floricourt vous pèse terriblement.

FLORICOURT.
Vous ne lui ferez jamais dire ce qu'elle ne pense pas...

MADELEINE, à part.
Oh! si je pouvais leur dire tout ce que je pense!

Air nouveau de M. Adolphe.

ENSEMBLE.

LE VICOMTE, FLORICOURT.

O divine merveille!
Solliciteurs pressés,
Nous vous prêtons l'oreille,
Entre nous, prononcez.

LE VICOMTE.
Acceptez ma conquête.

FLORICOURT.
Payez-moi de retour.

LE VICOMTE.
Pour moi, c'est par amour,
Que la belle est muette!

ENSEMBLE.

Floresca, choisissez!

(Madeleine veut leur échapper, elle heurte le garçon qui apporte sur un plateau un verre d'eau sucrée demandé par un consommateur, la carafe tombe et arrose la jambe du Vicomte.)

FLORESCA, continuant l'air.
Monsieur, echecusez!

LE VICOMTE et FLORICOURT.
Echecusez*!

ENSEMBLE.

MADELEINE.

Quoique sur moi je veille
Je n'me tais pas assez;
J'crains qu'un soupçon s'éveille
Aux mots qu'j'ai prononcés.

LE VICOMTE.
Ce mot en moi réveille
Les souvenirs passés
De quelque voix pareille
Qui m'a dit : exch'cusez!

(Madeleine sort.)

' Floricourt, le Vicomte, Madeleine..

SCÈNE IV.
FLORICOURT, LE VICOMTE, UN CONSOMMATEUR, GARÇONS.

LE VICOMTE.
Elle a dit echecusez... ce n'est pas là de l'esgnol...

FLORICOURT.
C'est du charabia.

LE VICOMTE.
Eh sandieu! j'y suis... j'y suis.

Air : Un homme pour faire un tableau..

Tout près de chez vous, l'autre jour,
    Oui, si je ne m'abuse,
Victime de ce même tour,
    Je reçus la semblable excuse.
Beau masque, je te reconnais,
Je sais sur toi ce qu'il faut croire,
Tu m'as rafraîchi les mollets
En même temps que la mémoire...

Et la limonadière espagnole n'est autre que la susdite porteuse d'eau.

FLORICOURT.
Alors elle s'est moquée de nous.

LE VICOMTE.
Et, bien plus, elle s'est moquée de l'autorité, car, de concert avec Procope, elle a signé une fausse déclaration de nom et de qualité sur les registres de la lieutenance de police...

FLORICOURT, à part.
Ah! elle n'est pas étrangère; eh bien! il me semble que je puis...

LE VICOMTE, à part.
Pardieu! je tirerai parti de la découverte... Oui, c'est cela... Je cours chez le lieutenant de police; je dénonce la fraude de la beauté; j'obtiens un ordre d'arrestation, et l'amour fera le reste. (Haut.) Floricourt, je vous laisse... pour payer la dépense.   (Il sort.)

FLORICOURT.
Garçon! tenez, payez-vous... (A part.) J'y suis... Je vante ses charmes à M. le premier gentilhomme de la chambre... j'obtiens un ordre de l'incorporer dans les coryphées de l'Opéra... et elle devient l'esclave de son maître... de ballets. Ne perdons pas un instant... (Il sort en courant et marche sur le pied de Joseph qui entre.) Imbécille!

SCÈNE V.
JOSEPH, GARÇONS.

JOSEPH, boitant.
Il est étonnant, monsieur le maître de ballets. Il m'écrase le pied, il m'abîme l'oreille de mon soulier et il m'appelle imbécille. *

UN GARÇON.
Monsieur, qu'est-ce qu'il faut vous servir?

JOSEPH.
Garçon, servez-moi... un tabouret. **
(Le garçon lui donne un tabouret, et il s'asseoit.)

LE GARÇON.
A présent, que faut-il vous apporter?

JOSEPH.
Garçon, à présent, apportez-moi M. Procope; j'ai besoin de lui parler.

' Le Garçon, Joseph.
** Joseph, le Garçon.

LE GARÇON.

Je vais le prévenir.

SCÈNE VI.
LES MÊMES, excepté LE GARÇON.

Depuis deux mois passés, je mène une vie errante et décousue... J'use mes souliers à chercher deux articles : une place et une femme... La place j'espère la trouver ici, la femme, désormais je ne la trouverai probablement plus nulle part.

Air de Bélisaire.

C'est en vain que j'ai questionné,
Tous ses amis à la fontaine,
Personne, hélas ! ne m'a donné
Des nouvelles de Madeleine :
Peut-être la sensibl' porteuse d'eau,
De désespoir ayant un'crise,
Est-elle descendue au tombeau,
En se j'tant dans sa marchandise.

O bruyère ! de ta demeure dernière, tu peux te dire : Ma vengeance est entière ! Car ton souvenir ne quitte pas plus l'orgueilleux sapin que la doublure de sa veste. Si j'entends dans la rue : A l'eau. (Il imite une grosse voix.) Je m'écrie aussitôt, c'est elle... C'est mon amante, Son ombre me poursuit partout... elle m'emboîte le pas... C'est au point que, pour le moment, je suis propriétaire de deux ombres, la mienne et la sienne. (Il se retourne comme s'il apercevait une ombre.) Ah ! c'est la mienne...

SCÈNE VII.
JOSEPH, PROCOPE.

PROCOPE, à Joseph.

C'est toi qui me demande, mon garçon.

JOSEPH.

Oui monsieur, si c'est vous qui répondez au nom de Procope.

PROCOPE.

J'y réponds depuis ma plus tendre enfance.

JOSEPH.

Vous le méritez à tous égards. Monsieur, la première fois qu'on vous voit, on dit tout de suite, voilà un homme qui n'est pas beau !

PROCOPE.

Comment ?..

JOSEPH.

Mais, en détaillant vos traits. L'on se dit aussi ; cet homme est laid, c'est vrai !.. il est même très laid... Cependant, il a une bonne tête... et c'est cet air de bonté répandu sur votre laide figure qui m'enhardit à vous demander la faveur d'orner mon individu d'un tablier marqué d'un P, lettre initiale de votre nom de famille.

PROCOPE.

C'est-à-dire que tu demandes à entrer garçon chez moi ?..

JOSEPH.

Si c'est possible, monsieur... Je ne ferai pas le fier avec vous, non ; je ne vous dirai pas que j'ai trente mille livres de rente... et que je prends une place de domestique... pour me distraire...

PROCOPE.

Mais, connais-tu la partie. As-tu travaillé dans une grande maison ?

JOSEHP.

J'ai travaillé dans une très grande maison, M. Procope ; j'étais moucheur de chandelles à l'Opéra.

PROCOPE.

Moucheur de chandelles... Diable, ça ne sent pas trop la limonade... Mais c'est égal tu parais intelligent... je veux bien te prendre à l'essai !

JOSEPH.

Merci, M. Procope !

PROCOPE.

Tu sais que tu n'auras pas de gages.

JOSEPH.

Ah !..

PROCOPE.

Par exemple, tu ne seras pas blanchi !

JOSEPH.

Ah !..

PROCOPE.

Ni logé.

JOSEPH.

Ah !..

PROCOPE.

Ni nourri !

JOSEPH.

Ah ! ah !.. La place n'est pas si bonne que je croyais.

PROCOPE.

Mais tu auras peut-être des profits.

JOSEPH.

Ah ! il y aura des profits... Je disais aussi, si je ne suis ni blanchi, ni logé, ni nourri... et pas de gages, avec ça, j'aurai bien du mal à mettre quelque chose de côté pour mes vieux jours !

PROCOPE, à un garçon.

Narcisse, donne un tablier à ce garçon...

NARCISSE.

Oui, monsieur !..

(Il donne un tablier à Joseph, qui le met à l'avant-scène à gauche.)

SCÈNE VIII.
JOSEPH, PROCOPE, MADELEINE.

MADELEINE.

Monsieur Procope... le chef demande un pain de sucre.

PROCOPE.

Je vais le lui donner. (Montrant Joseph.) Ma chère Floresca, je vous présente un de vos nouveaux esclaves.   (Il sort.)

SCÈNE IX.
JOSEPH, MADELEINE.

MADELEINE, à part.

Joseph !

JOSEPH.

Madeleine !.. est-ce son ombre ?.. Oh ! non, son ombre n'aurait pas de queue à sa robe de laine... c'est bien à toi que j'ai l'honneur de parler, n'est-ce pas ?

MADELEINE.

Je ne chai pas che que vous voulez dire.

JOSEPH, transporté.

Elle a dit je ne chai... Ah ! c'est elle, c'est
mon Auvergnate !

Air : Te souviens-tu, Marie ?

C'est Mad'lein', je le jure !
De plaisir mon cœur bond ;
Je r'connais ta tournure,
Ton nez et ton menton ;
L'accent jamais n'se gagne,
L'mot qu'ta bouch' prononça,
Prouve que not' Limagne.
A Paris t'envoya.
Il n'y a qu'dans not' montagne,
Qu'on parle comme cha.

(Il s'approche, elle le repousse.)

MADELEINE.

Même air.

Dans votre humeur trop fière,
Vous me dit's un matin :
Que j'étais un' bruyère.
Qu'vous étiez un sapin.
Ce souv'nir m'accompagne,
Le coup a porté là.
La bruyèr' de Limagne,
Jamais ne r'connaîtra
Le sapin d'la montagne
Qui s'est conduit comm' cha.

JOSEPH.

Oh ! oui, vous avez raison, Madeleine, je me
suis comporté comme un... comme un... le mot
ne me vient pas.

MADELEINE.

Comme un polichon.

JOSEPH.

Le mot vousest venu, Madeleine; dites-moi du
moins comment je vous retrouve sous ce costume de marquise de Carabas... quelle horrible
pensée !.. seriez-vous la moitié de ce laid limonadier... A cette idée tout mon sang se fige !

MADELEINE.

Je ne suis que sa demoiselle de comptoir.

JOSEPH.

Vous êtes encore demoiselle !.. Ah ! mon sang
se défige.

MADELEINE.

Oui, mais je suis engagée pour trois ans avec
M. Procope, et, pendant tout ce temps-là, on
m'encensera, on me courtisera, on me cajolera,
et ça me fera plaisir.

JOSEPH.

Ah ! je prévois pour moi bien des couleuvres
à avaler !

MADELEINE.

Eh ben ! ce sera votre punition, votre purga-
toire.

JOSEPH.

Et le paradis, Madeleine... viendra-t-il après ?
hein ?

MADELEINE.

Nous verrons... si vous êtes sage... pas jaloux... et surtout bien discret.

JOSEPH.

Et si j'avale bien lesdites couleuvres...

PROCOPE, dans la coulisse.

Narcisse... Pierre... Victor.

MADELEINE.

J'entends M. Procope... n'ayez pas l'air de me
connaître devant lui,

JOSEPH.

Non, mademoiselle Maresca.

MADELEINE.

Floresca.

SCÈNE X.

PROCOPE, MADELEINE, JOSEPH, GARÇONS.

PROCOPE.

Le prince arrive... ses équipages sont au
bout de la rue. (Bas à Madeleine.) Madeleine,
veuillez rentrer... j'aime mieux que le prince
ne vous voie pas. S'il vous interrogeait, il faudrait
lui répondre, et vous pourriez bien vous trahir.

MADELEINE.

Vous avez raison, M. Procope.

PROCOPE.

Allons, vous autres, préparez-vous à recevoir
Monseigneur.

(Madeleine sort par la droite, Joseph la suit.)

FLORICOURT.

Voici son altesse.

SCÈNE XI.

FLORICOURT, ZÉLIE, LE PRINCE, JOSEPH,
au fond; ARTISTES DE L'OPÉRA des deux
sexes, GARÇONS.

CHŒUR.

Air : Ah ! comme il lui ressemble. (Prison d'Édimbourg.)

Le prince nous convie,
Nous venons, à ses frais,
Célébrer le génie
Et fêter nos succès !

LE PRINCE.

Messieurs, j'offre une fête
A vos arts séducteurs.

(A Zélie.)

Pour qu'elle soit complète,
Faites-en les honneurs.

REPRISE.

Le prince nous convie,
Nous venons, à ses frais,
Célébrer le génie
Et fêter nos succès.

PROCOPE, LES GARÇONS.

Le prince les convie,
Ils viennent, à ses frais,
Célébrer le génie
Et fêter leurs succès.

PROCOPE.

Prince, permettez que je vous témoigne ma
joie, mon orgueil, de voir votre altesse honorer
de sa présence mon modeste établissement.

LE PRINCE.

Tu nommes ce palais un modeste établissement; il paraît, mon cher Procope, que tu rêves
les grandes choses; ton luxe rivalise avec celui
de Versailles... Au fait, le temple est digne des
convives que je t'amène. Ces messieurs résument
toute la gloire de l'Opéra; la place d'honneur
sera pour Floricourt.

FLORICOURT, à part.

Voilà la tabatière qui va arriver. Il fouille dans
sa poche, il en tire son... mouchoir.

LE PRINCE, retirant sa main sans rien prendre.

Quant à vous, légère Zélie, vous auriez rendu jalouse la déesse même de la sagesse... Vous avez dansé avec une chasteté qui ne peut se comparer qu'à votre grace...

ZÉLIE.

J'étais cependant bien émue au premier acte.

LE PRINCE.

Et pourquoi ?..

ZÉLIE, au Prince.

Votre Altesse n'était-elle pas dans sa loge ?

LE PRINCE.

Comme à toutes les grandes solennités... Je manquerais plutôt le conseil qu'une première représentation à l'Opéra... quand vous dansez.

FLORICOURT.

Comme cet homme-là nous aime !

ZÉLIE.

C'est un honneur pour nous, monseigneur ; mais nous l'achetons par bien des inquiétudes.

Air : d'Une nuit d'attente.

Qu'un jour de pièce nouvelle
Livre d'assauts à mon cœur !
C'est un moment que j'appelle
Avec plaisir, avec terreur.
Quand on sait le soir que le prince est là,
Et qu'à l'Opéra
Ce bruit circula,
Chacun sent la peur
Lui courir au cœur.
Puis, d'un air inquiet,
Sans mesure, on fait
Ses poses, ses passes,
Ses voltes, ses pas.
On lutte de graces
Avec embarras,
Le pied est pesant
Et, dans les espaces,
Le geste tremblant
N'est plus éloquent.
Lorsqu'à l'Opéra
Votre Altesse va,
Oui, c'est là l'effet
Que d'abord elle fait.

LE PRINCE.

Votre talent, Zélie, doit vous mettre à l'abri d'une pareille crainte.

ZÉLIE.

Mais bientôt la coquetterie !
L'orgueil et la rivalité,
Viennent commencer la partie.
Chacun se dit avec fierté :
Pour juger les arts son Altesse est là.
Voyons qui plaira,
Et qui séduira...
L'orgueil monte au cœur
Et chasse la peur.
Au son de l'archet
L'assurance naît :
La vive danseuse
S'élance, et son vol,
Nymphe ambitieuse,
Touche à peine au sol.
Pour l'encourager,
La foule nombreuse,
Laisse voltiger
Murmure léger.

Alors, de son art,
Elle est fière, car
(Regardant le prince.)
D'une loge part
Un tendre regard...

LE PRINCE.

On n'a pas eu, je pense, de distraction à reprocher à mes yeux ni à mon attention... Vous les avez constamment captivés.

ZÉLIE.

Un moment, ils ont fait infidélité à la pièce... Au second acte... vous avez paru un instant dominé par une préoccupation qui n'a échappée à personne...

LE PRINCE.

Oui, je me rappelle... le décor de la montagne m'a frappé... L'imagination du peintre a reproduit un site sauvage auquel se rattache le souvenir d'un danger que j'ai couru.

ZÉLIE.

Ah ! mon Dieu...

LE PRINCE, souriant.

Oh ! il y a deux ans... c'était lors de mon voyage en Auvergne, pendant une excursion dans la montagne, un orage vint à éclater et ébranla ces fragiles palais de neige qui menacent d'engloutir les voyageurs. Les avalanches se détachèrent, le sol manqua sous mes pieds ; j'allais disparaître dans l'abîme quand j'entendis la prière d'une jeune fille qui vint à mon aide et me sauva... À l'Opéra j'ai cru reconnaître ce paysage... J'ai regretté seulement de ne pas entendre, dans le lointain, la naïve prière dont la première phrase me revient souvent à la mémoire...

ZÉLIE.

Quel est cet air qui a le privilége de faire rêver son Altesse.

FLORICOURT, à part.

Je le donnerai à mon ami Rameau pour l'intercaler dans le ballet, et faire une surprise au prince.

LE PRINCE.

Voici à peu près le prélude :

Notre-Dame de Limagne,
Patronne de la montagne,
Vois mon danger...

Quand le reste se chanta je ne l'entendis pas... j'étais évanoui.

FLORICOURT.

Ah ! c'est attendrissant !

LE PRINCE, à Procope.

Mais, dis-moi donc, Procope, avant de passer au salon ne veux-tu pas me faire admirer la merveille qui fait le sujet de toutes les causeries de la cour et de la ville, ta demoiselle de comptoir... Où donc caches-tu ce trésor ?..

ZÉLIE, un peu piquée, à part.

J'étais étonnée qu'il n'eût pas encore fait cette réflexion.

PROCOPE, à part.

Pas moyen de refuser, il faut obéir. (A Joseph.) Allez chercher Mlle Floresca.

JOSEPH, en sortant.

Première couleuvre à avaler.

PROCOPE.

Ah ! monseigneur, elle ne peut choisir un mo-

ment plus favorable pour venir prendre place au
comptoir... La voici...

(Madeleine paraît suivie de Joseph ; Procope va au-
devant d'elle et lui donne la main pour la présen-
ter au prince.)

SCÈNE XII.

FLORICOURT, ZÉLIE, LE PRINCE, PRO-
COPE, MADELEINE, JOSEPH.

PROCOPE.

Prince, permettez que je vous présente la
reine de mon comptoir.

LE PRINCE.

Si la royauté se donnait aux attraits, mademoiselle aurait droit à des états plus vastes que
ceux de Procope.

PROCOPE, bas à Madeleine.

Ne répondez pas... je me charge de tout...

ZÉLIE.

Comme le prince la regarde.

LE PRINCE.

Procope, tu te feras un mauvais parti avec les
dames de la cour... elles diront que le ciel n'a
pas le droit de créer pour toi des roturières aussi
jolies, c'est un manque d'égards à la noblesse...
(A Floresca.) Comment vous nomme-t-on mon enfant?..

PROCOPE.

Floresca, prince... Je vous demande pardon,
monseigneur, de répondre pour elle... elle ne
sais pas un mot de français... elle est étrangère...

LE PRINCE.

Tant pis pour la France,

MADELEINE, saluant.

Ah! monseigneur...

LE PRINCE.

Que disais-tu donc Procope, qu'elle ne par-
lait pas notre langue.

PROCOPE, embarrassé.

C'est un mot que je lui ai appris.

LE PRINCE.

Je veux laisser à cette belle enfant un souvenir
de ma visite et de l'intérêt qu'elle m'inspire...

(Il lui met un anneau au doigt.)

JOSEPH.

Voilà le prince qui lui donne de ses cheveux, à
présent...

MADELEINE, s'oubliant.

Oh! la jolie bague!..

PROCOPE.

Imprudente... (Faisant comme s'il venait de la
souffler.) Très bien, Floresca... vous l'avez dit
comme je vous l'ai soufflé...

LE PRINCE, à part.

L'embarras de Procope cache quelque mystère...

ZÉLIE, à Floricourt.

Faire de pareils présens à une fille de comptoir.

FLORICOURT.

Il ferait beaucoup mieux de songer à ma tabatière.

PROCOPE.

Si son Altesse voulait passer au salon, elle est
servie.

JOSEPH, avec une mauvaise humeur visible.

Elle est servie...

LE PRINCE.

Mesdames et messieurs, obéissons à Procope;
si son repas réfroidissait, il serait homme à re-
nouveler l'acte de désespoir de Vatel. Sans adieu,
mon enfant... (A part.) Oh je la reverrai, elle est
trop jolie pour qu'elle m'échappe.

REPRISE DU CHŒUR.

Le prince nous convie, etc.

SCÈNE XIII.

JOSEPH, caché, MADELEINE, FLORICOURT.

FLORICOURT, après s'être assuré que tout le monde
est sorti et sans voir Joseph, à Madeleine.

Charmante amie, écoutez-moi...

JOSEPH, se cachant.

J'écoute.

MADELEINE.

Monsieur!..

FLORICOURT.

Oh! vous pouvez parler à présent... ne craignez plus d'être trahie par votre accent, on sait
qui vous êtes, ma belle auvergnate.

MADELEINE.

Ciel!

FLORICOURT.

Les dieux de l'Olympe sont venus au secours
de mon amour.

MADELEINE.

De votre amour!

JOSEPH, à part.

De son amour!

FLORICOURT.

Et voilà ce qu'ils m'ont inspiré... Vous savez,
ou vous ne savez pas, que le grand Opéra jouit
d'un privilége ravissant... celui d'embellir son
personnel de tous les jolis minois, sans naissance,
que fournissent Paris et la province.

MADELEINE.

Eh bien?

FLORICOURT.

Eh bien, je vous enrôle dans les ballets de l'A-
cadémie royale de musique.

MADELEINE.

Moi, monsieur!..

FLORICOURT.

Et, grâce à mes leçons, vous en deviendrez le
plus bel ornement.

MADELEINE.

Ah! je vous remercie, je ne veux pas.

FLORICOURT.

Cependant il le faut, car telle est la volonté de
M. le premier gentilhomme de la chambre.

MADELEINE.

Cependant...

FLORICOURT.

L'on ne peut lui résister. Quand une fois il a
dit je veux que cette Picarde, cette Cauchoise,
ou cette Limousine, fasse des flic-flacs, il faut
qu'elle fasse des flic-flacs.

JOSEPH, à part.

Pauvre France!

MADELEINE.

Eh bien! moi, monsieur, je n'en ferai pas...
des flic-flacs.

FLORICOURT.

Voici votre ordre d'engagement ; dès ce mo-

ment vous appartenez à l'Opéra, et demain, vous
avez répétition à midi, heure militaire, ce qui
veut dire, que si vous ne venez pas, on vous en-
verra chercher par messieurs... de la maréchaussée.

MADELEINE.

Comment, monsieur, par la maréchaussée?

FLORICOURT.

Les pieds en dehors... le corps plus cambré...
Au revoir donc, ma charmante élève, à demain
votre première leçon particulière... Et de ce pas
je me rends au banquet.   (Il sort par la droite.)

MADELEINE.

Mais monsieur...

SCÈNE XIV.
JOSEPH, MADELEINE.

JOSEPH.

Eh bien! madeleine, demain, première leçon
particulière pour vous, et pour moi, deuxième
couleuvre.

MADELEINE.

Mais mon Dieu, est-ce qu'il n'y a pas un
moyen de me tirer de là?

JOSEPH.

Madeleine, il n'y en a un... c'est le ciel qui
me l'inspire... Madeleine, donnez-vous une entorse.

MADELEINE.

Par exemple!..

JOSEPH.

Ah! Madeleine, donnez-vous une entorse...
car, plutôt que de vous voir à l'Opéra, dans ce
repaire à Satan et à ses pompes... j'aimerais
mieux vous faciliter les moyens de tomber dans
un puits, la tête la première.

LE VICOMTE, au-dehors.

Tenez-vous à cette porte.

MADELEINE.

Quel est che bruit?..

JOSEPH, allant regarder.

C'est le vicomte avec quatre hommes du guet...
il les met en faction à la porte.

MADELEINE.

Qu'est-ce que cha signifie?

JOSEPH.

Le voilà!

SCÈNE XV.
LE VICOMTE, MADELEINE, JOSEPH, caché.

LE VICOMTE.

Ma gracieuse, veuillez me suivre... voici une
lettre de cachet à votre adresse.

MADELEINE.

Une lettre de cachet!.. mais que peut-on avoir
à me reprocher?

LE VICOMTE.

Belle porteuse d'eau, on vous reproche d'a-
voir pris un faux nom et une fausse qualité sur
les registres de la lieutenance de police.

MADELEINE.

Mais monsieur, je suis excusable, car c'était
pour être utile à mon père.

LE VICOMTE.

Aussi, ma reine, je n'ai pas l'intention de vous
traiter en criminelle... et si j'ai dénoncé votre
supercherie à M. le lieutenant de police, c'était
pour vous prouver combien je vous adore.

JOSEPH, à part.

Troisième couleuvre...

LE VICOMTE.

Je vais vous dérouler mon plan amoureux...
Je connais les femmes, ma chère... ce qui
coûte le plus à la beauté, c'est de dire à l'objet
aimé: Je vous aime. Vous, par exemple, vous
êtes folle de moi.

MADELEINE.

Moi, monsieur?

LE VICOMTE.

Vous ne l'avouez pas... c'est l'usage... Mais,
comme je le sais... j'ai pris mes précautions pour
assurer mon triomphe, sans qu'il en coûte un
seul cheveu à votre pudeur... Au lieu de vous
conduire à la Bastille, je vous mène à quatre
lieues d'ici, dans ma petite maison de plaisance;
nous y passerons huit jours dans le plus charmant tête-à-tête. Puis, nous revenons à Paris, je
dis à M. le lieutenant de police que je me suis
trompé en vous accusant; la lettre de cachet
tombe d'elle-même, et l'autorité vous fait des
excuses.

JOSEPH, à part.

La couleuvre devient énorme.

MADELEINE.

Qu'osez-vous me proposer là, monsieur!.. Je
suis une honnête fille... entendez-vous... je ne
consentirai jamais...

LE VICOMTE.

Très bien... Vous devez dire tout cela... c'est
dans mon plan... Repoussez-moi... n'obéissez
qu'à M. le lieutenant de police... Mes soldats
sont à la porte... je vais les appeler... et ils vous
conduiront à ma petite maison.*

JOSEPH.

Si vous appelez le monde, caporal, je vous
étrangle... Sauvez-vous, mademoiselle...

MADELEINE.

Joseph, que faites-vous?..

LE VICOMTE.

Soldats, à moi!..

SCÈNE XVI.
LES MÊMES, QUATRE SOLDATS; puis FLORI-
COURT, LE PRINCE, ZÉLIE, PROCOPE,
ARTISTES.

LE VICOMTE.

Emparez-vous de ce drôle qui a osé porter
la main sur votre capitaine.

JOSEPH.

J'y ai même porté les deux mains...

MADELEINE.

Oh! grâce pour lui!

FINAL DE M. THYS.

LE VICOMTE.

Soldats, emmenez ce garçon,
Et qu'on le conduise en prison!

JOSEPH.

Non, je n'irai pas en prison.

* Joseph, Le Vicomte, Madeleine.

CHOEUR.
Point de résistance, en prison !
(Deux soldats entraînent Joseph.)

LE VICOMTE.
Vous, ma belle,
Trop rebelle,
A votre tour, suivez-moi !

MADELEINE.
Je vois la prison sans effroi.

LE VICOMTE.
En prison... suivez-moi ! *

FLORICOURT.
En prison !
Cette jeune fille
A mon seul ordre obéira.

LE VICOMTE.
Je la conduis à la Bastille...

FLORICOURT.
Je l'enlève pour l'Opéra !

LE VICOMTE.
A la Bastille !

FLORICOURT.
A l'Opéra !

LE VICOMTE.
A la Bastille !

FLORICOURT.
A l'Opéra !

LE PRINCE.**
D'où vient ce bruit?

LE VICOMTE.
J'ai des ordres qu'il faut ici que j'accomplisse.

LE PRINCE.
J'ai les miens... D'abord, qu'on m'obéisse !
Moi, je la prends sous ma protection

MADELEINE.
Ah ! merci, monseigneur, que de reconnaissance !

* Le Vicomte, Madeleine, Floricourt.
** Le Vicomte, Floricourt, Le Prince, Madeleine, Zélie, Procope.

LE PRINCE.
Je veux faire un peu plus en cette circonstance.
Ma chère, on peut encor vous tourmenter ici,
Et je vous donne asile au château de Choisy.

ENSEMBLE.

MADELEINE.
Que de bontés pour moi !

LE PRINCE.
Enfin, elle est à moi !

ZÉLIE, à part.
Hélas ! prends garde à toi !
Par le Prince, jeune fille,
Crains de te voir protéger :
Je croirais, à la Bastille,
Ta vertu moins en danger.

ENSEMBLE.

CHOEUR.
Non, elle n'est plus captive,
Tous ici, quoiqu'il arrive,
Ah ! nous avons le désir
De la voir bientôt revenir.

MADELEINE.
Non, je ne suis plus captive,
Puisqu'il veut que je le suive ;
Mais, pour moi, mon seul désir,
C'est de bientôt revenir.

ZÉLIE, PROCOPE, FLORICOURT.
Ah ! son sort me fait gémir :
Il faut donc qu'elle le suive.
Si du Prince elle est captive,
C'est à nous, ici, de frémir.

LE PRINCE.
Non, je n'ai point le désir
De vous rendre jamais captive.
Ah ! ne soyez plus craintive,
Il ne faut plus, ici, gémir.

FIN DU DEUXIÈME ACTE.

ACTE III

Le théâtre représente une partie des jardins du château du Prince. — A droite, un pavillon élégant ; à
gauche, un bosquet ; plus loin, de chaque côté, des caisses d'orangers. Au fond, le château.

SCÈNE I.
FLORICOURT, LE MACHINSTE de l'Opéra.

LE MACHINISTE.
Là, voici mon filet de Vulcain en place...

FLORICOURT.
Eh bien ! mon cher Langlois, toutes vos dispositions sont faites pour la fête que le prince
donne ce soir dans son château !

LE MACHINISTE.
Je réponds de tout sur ma réputation de machiniste en chef de l'Opéra. Rien ne manquera
dans ce jardin pour la représentation des princi-
pales scènes de votre ballet de Mars et Vénus...
mais Mlle Lemire et M. Geliote qui sont malades,
comment les remplacerez-vous ?

FLORICOURT.
Très facilement mon cher. J'ai deux doublures
délicieuses... qui d'ailleurs seront soutenus par
mon talent et celui de ma Zélie. Avez-vous remarqué Langlois, comme elle est nature dans la
déesse de la sagesse, ma femme ? Ah ! elle me
donne bien de la satisfaction...

LE MACHINISTE.
Elle n'en donne pas qu'à vous, monsieur Floricourt... et tout à l'heure encore le prince lui
baisait la main, en l'appelant cruelle Minerve...

FLORICOURT.
C'était pour rire... Allons, mon cher Langlois,
ne perdez pas une minute... et soyez prêt au signal... Ah ! lorsque je ferai ma toilette de dieu,
vous n'oublierez pas de m'envoyer deux de vos
plus forts garçons pour serrer mon corset. Je
veux aujourd'hui avoir une taille de mouche à
miel.

Air du Brasseur.

Prenez ici chaque accessoire
Que la nature fournira,
Et qu'en plein vent on puisse croire
Être ce soir à l'Opéra.

ENSEMBLE.
Prenez ici, etc.

LE MACHINISTE.

Je vais prendre chaque accessoire,
Que la nature fournira ,
De façon qu'on puisse se croire,
Quoiqu'en plein vent, à l'Opéra. (Il sort.)

SCÈNE II.
LE VICOMTE, FLORICOURT.

LE VICOMTE , entrant.

Eh! voici ce cher Floricourt...

FLORICOURT.

Il paraît vicomte que vous êtes des nôtres...

LE VICOMTE.

Certainement, monsieur Zéphir...Monseigneur a voulu que j'honorasse la fête de ma présence, et je suis sûr qu'il est flatté intérieurement de me voir un des témoins de la belle action qu'il est en train de faire,

FLORICOURT.

Le mariage de la belle limonadière!

LE VICOMTE.

Il faudrait être dur comme un roc pour ne pas être attendri... Le prince, qui est sujet comme vous et moi aux faiblesses de l'humanité , se laisse séduire par le joli minois de la limonadière, il tombe à ses pieds, comme un simple particulier. La belle lui dit sans s'émouvoir.. que faites-vous, prince... ce n'est pas là votre place... c'est celle d'un autre.   FLORICOURT.

Quelle hardiesse...

LE VICOMTE.

Et d'un autre ajouta-t-elle , qui se nomme Joseph... et qui est momentanément en prison pour avoir levé la main sur un capitaine du guet...à la place du prince, moi, j'aurais dit... Ah ! il est en prison... Eh bien ! qu'il y reste... le prince se relève, sourit et dit : « Mon enfant, vous aimez Joseph... Eh bien ! vous l'épouserez, et c'est moi qui paierai les violons.

FLORICOURT.

Ah !.. c'est merveilleux.

LE VICOMTE.

Fabuleux...Ce n'est pas tout , à la sollicitation du prince , la lettre de cachet contre la porteuse d'eau est retirée.

FLORICOURT.

L'ordre de début est annulé.

LE VICOMTE.

La prison de Joseph est ouverte , et le couple auvergnat, habillé à neuf aux frais de son altesse, reçoit en ce moment la bénédiction nuptiale dans la chapelle du château. Je le proclame, à mes yeux, ce trait-là grandit le prince de onze pieds cinq pouces.

FLORICOURT.

J'espère, mon cher vicomte, que la noble conduite du prince vous servira de leçon... si vous n'avez pas renoncé à la petite...

LE VICOMTE.

Et vous donc, papillon.

FLORICOURT.

Air du Verre.

Je n'y pense plus, Dieu merci...
(A part.)
Cachons-lui que l'aime encore...

LE VICOMTE.

J'ai su me convertir aussi...
(A part.)
Ne disons pas que je l'adore...

FLORICOURT.

Vaincre ses passions, c'est courir
Après la plus noble victoire...

LE VICOMTE , à part.

Je vais tâcher mon cher Zéphir,
De t'en laisser toute la gloire...
(Floricourt prend une prise de tabac.)

Encore une nouvelle tabatière...

FLORICOURT.

Celle-ci est de la reine de Suède.

LE VICOMTE.

Voyons...

FLORICOURT.

Or massif.

LE VICOMTE , lui donnant la sienne.

Regardez un peu la mienne... elle est plus précieuse que si elle était en rubis ou en émeraudes,

FLORICOURT.

Par exemple ! elle est en corne.

LE VICOMTE.

Oui mais cette corne a été prise dans le sabot du cheval que montait le vaillant Renaud en partant pour la Palestine... l'un de mes aïeux reçut cette tabatière des propres mains de la belle Armide, ce qui prouverait que l'enchanteresse prenait du tabac. Hé ! sandieu, je me rappelle... je vous ai promis un cadeau... Hé bien ! mon bon, gardez ma tabatière... et moi je garde la vôtre...

FLORICOURT.

Mais, non, Vicomte... je vous remercie...

LE VICOMTE.

Floricourt, vous y mettez de la discrétion c'est très bien... mais un gascon n'a que sa parole, ma tabatière est à vous, et la vôtre est à moi. Ah! voici les mariés qui sortent de la chapelle du château... le sacrifice est accompli...

SCÈNE III.
LE VICOMTE , JOSEPH, MADELEINE, LE PRINCE , ZÉLIE, FLORICOURT.

En ce jour, fêtons l'hyménée
Qui les réunit en ces lieux,
Et nos cœurs, pour leur destinée,
Forment ici les plus doux vœux.

LE PRINCE.

Eh bien, Madeleine, tous vos vœux sont comblés ?   MADELEINE.

Oh! oui, monseigneur, je suis bien heureuse,

JOSEPH.

Et moi donc! (A part.) Il me semble que je fais un rêve sur trois matelas et deux lits de plume.   MADELEINE.

Il ne manque ici qu'une personne pour que ma joie soit à son comble... c'est le pauvre père, et s'il était là...   JOSEPH

Il mourrait de joie... c'est dommage qu'il n'y soit pas.   LE PRINCE.

Mes amis, ce n'est pas assez pour moi de satisfaire aux vœux de votre cœur ; il faut que vous n'ayez plus rien à craindre désormais de la mauvaise fortune... Joseph, je vous nomme concierge de ce château, et vous, Madeleine, vous serez surveillante générale de mon hôtel, à Paris.

MADELEINE.

Monseigneur.

JOSEPH.

Ah! mon prince, tant de choses à la fois...
ma liberté, ma femme, ma place... que de faveurs ! vous m'en mettez par-dessus la tête...
je ne demande qu'une chose au ciel, c'est que
vous descendiez dans la tombe avant moi, pour
que j'aie le plaisir de vous pleurer et de bénir
votre mémoire.

FLORICOURT.

L'imbécille.

ZÉLIE, à part.

Ah! monseigneur, je vous devine, et je ne
suis pas dupe de votre beau masque de généro-
sité.

LE PRINCE.

C'est dans cette partie du parc que doit avoir
lieu la représentation du ballet... laissons Floricourt à ses occupations.

FLORICOURT.

Je demande la permission de retenir Vénus et
Vulcain.

LE PRINCE.

C'est trop juste.

REPRISE DU CHOEUR.

SCÈNE IV.

JOSEPH, FLORICOURT, MADELEINE.

MADELEINE.

Comment, M. Floricourt, il faut absolument
que je joue Vénus ?

FLORICOURT.

Vous avez tout ce qu'il faut pour cela... c'est
un acte de complaisance dont le Prince vous
saura gré... ainsi que moi.

JOSEPH.

Ah ça! M. Floricourt, j'espère que Madeleine
ne sera pas vêtue en Vénus sortant de l'onde ?

FLORICOURT.

Par exemple !.. elle aura un maillot... et vous
aussi.

JOSEPH.

Ah ! nous serons emmaillottés !.. ma foi, ça
me va... je deviens Vulcain... je me lance dans
le feu... chaud... chaud !

FLORICOURT.

Il n'y a qu'une scène difficile dans l'ouvrage...
la scène du baiser.

JOSEPH.

Est-ce moi qui le prend ?

FLORICOURT.

Non... mais c'est Vénus qui le donne... nous
allons le répéter... ça me fera plaisir... Vénus est
ici... Vulcain est là... plus loin... encore plus
loin... pensif... le dos plus pensif... A merveille !.. de ce côté arrive un essaim d'amours...
Ne bougez donc pas, Joseph, vous ne faites pas
l'amour.

JOSEPH.

C'est juste... c'est vous qui le faites à ma place.

FLORICOURT.

Mars s'approche sans être vu de Vulcain...

JOSEPH.

Si je fermais les yeux, ça ferait peut-être bien ?

FLORICOURT.

Ça ne peut pas mal faire... Et dérobe un baiser à Vénus.   (Il embrasse Madeleine.)

JOSEPH.

Je peux rouvrir les yeux ?

FLORICOURT.

Minerve survient, et Mars reçoit alors...

SCÈNE V.

JOSEPH, FLORICOURT, ZÉLIE, MADELEINE.

ZÉLIE, donnant un soufflet à Floricourt.

Un soufflet.

FLORICOURT.

Aïe !

JOSEPH.

Qu'est-ce qui a applaudi ?

FLORICOURT.

Ma femme !

Air: Notre-Dame de Mont-Carmel. (Mazaniello.)

C'est vraiment un trait de démence ;
Vous me paîrez cher ce soufflet !
Cet incident n'est pas, je pense,
Dans le programme du ballet ?

ZÉLIE.

Il n'y figure pas, sans doute,
Pas plus que le baiser ; ainsi...
Je me suis dit : L'auteur ajoute,
Je puis bien ajouter aussi.

FLORICOURT.

Oui, mais vous auriez pu ne pas ajouter si fort.

ZÉLIE.

Mauvais sujet !.. rendez-vous au château...
les artistes du ballet viennent d'arriver.

FLORICOURT.

Je cours leur distribuer leurs costumes...
Adieu, mon Andalouse.   (Il sort.)

SCÈNE VI.

JOSEPH, ZÉLIE, MADELEINE.

ZÉLIE.

Eh bien ! mes amis, vous êtes contents de
son Altesse?

MADELEINE.

C'est un si bon prince !

JOSEPH.

Oh ! oui, c'est un bon prince... Cependant
je l'aimerais encore davantage s'il avait une
soixantaine d'années de plus sur la tête... et pas
mal de cheveux blancs... ça va bien à un prince,
les cheveux blancs.

MADELEINE.

Il se montre si généreux?

ZÉLIE.

C'est son habitude avec les jolies femmes.

JOSEPH.

Me nommer concierge de ce chateau.

MADELEINE.

Et moi, surveillante de son hôtel à Paris ! on
serait joyeux à moins, n'est-ce pas, Madame Floricourt ?

ZÉLIE, souriant.

Cela dépend de la manière de voir les choses...
ou plutôt de les prendre.

JOSEPH.

Hein !.. que voulez-vous dire ?

MADELEINE.

Expliquez-vous ?

ZÉLIE.

A quoi bon !.. cela ne me regarde pas... les
danseuses de l'Opéra n'ont pas habitude de se

mêler des affaires des autres, elles ont bien assez
des leurs... Cependant, je dois peut-être un petit
conseil à l'intérêt que vous m'inspirez.

Air de la Femme de Trente ans.

Oui, je vous le dis tout bas !..
Tout bas, mais silence...
Oui, je vous le dis tout bas...
C'est une confidence,
Et n'en parlez pas !
Le prince est, en bienfaisance,
Par son intérêt, mené...
Et s'il vous fait quelqu'avance,
Vous serez bien rançonné...
Car il prend en redevance
Toujours plus qu'il n'a donné...
Oui, je vous le dis, etc.

Voulant de votre ménage,
Ecarter tous les ennuis,
Il met Joseph au village,
Et prend sa femme à Paris,
S'il vous sépare, je gage,
C'est pour vous voir mieux unis.
Oui, je vous le dis, etc.

JOSEPH.

Ce serait possible...

ZÉLIE.

Comment, vous êtes assez simple pour croire
que le prince va vous doter, vous donner une
bonne place pour vos beaux yeux... Pour ceux
de votre femme, à la bonne heure.

MADELEINE.

Mais à ce prix-là, je ne veux pas du tout être
surveillante.

JOSEPH.

Ni moi concierge, je ne veux pas d'une place
où il me faudrait ouvrir les portes et fermer les
yeux.

ZÉLIE.

Ah ! vous avez bien raison, l'innocence est cent
fois préférable à la richesse... J'ai dansé cette
maxime-là dans bien des ballets.

MADELEINE.

Mais comment oser dire au prince que nous
refusons ses offres?

ZÉLIE.

Que cela ne vous embarrasse pas, je me
charge de la commission.

MADELEINE.

Ah! que vous jètes bonne... Ainsi, Joseph, ce
soir après le ballet, nous changeons bien vite de
costume, nous retournons ja Paris et demain,
moi je me refais porteuse d'eau.

Air : A l'eau.

Ici tout m'fatigue et me pèse,
Ah ! je partirai sans regrets.
Dans l'eau je s'rai plus à mon aise,
Loin des galans et des muguets,
Soir et matin dans tout' la ville,
L'esprit content, le cœur tranquille,
Gaîment, je crierai de nouveau,
A l'eau, à l'eau,
Voilà la porteus' d'eau.

ZÉLIE.

Le prince... Laissez-moi avec lui...

MADELEINE, en souriant.

A l'eau, à l'eau,
Voilà la porteus'd'eau.

(Madeleine et Joseph sortent en se dérobant aux regards du Prince.)

SCÈNE VII.

ZÉLIE, LE PRINCE.

LE PRINCE, à part.

Tâchons de parler à Madeleine en particulier.
Zélie m'aurait-elle deviné?.. Elle est toujours sur
mes pas...

ZÉLIE.

Monseigneur cherche quelqu'un... Sans doute
les deux nouveaux... époux...

LE PRINCE.

Mon Dieu, non !..

ZÉLIE.

Peut-être seulement la belle Madeleine...

LE PRINCE.

Quelle idée...

ZÉLIE.

Il est si doux de voir les heureux qu'on a faits,
surtout quand le bienfait est inspiré par le plus
pur désintéressement.

LE PRINCE.

Est-ce un compliment ou bien de l'ironie.

ZÉLIE.

C'est à vous, monseigneur, de savoir lequel des
deux vous est applicable.

LE PRINCE.

J'accepte le compliment,

ZÉLIE.

Les princes sont sujets à l'erreur... Pour revenir aux nouveaux mariés... ils sont pénétrés de
la plus vive reconnaissance pour votre altesse...
Joseph surtout, apprécie comme il le doit, toute
l'étendue de votre protection... Il me le disait à
l'instant même.

LE PRINCE.

Ah ! vous les avez vus...

ZÉLIE.

Oui, monseigneur...

LE PRINCE, à part.

Voilà ce que je craignais...

ZÉLIE.

Dans la naïveté de leur gratitude, ces braves
gens s'inquiètent de voir votre bonté pour eux
aller trop loin, et ne se trouvant pas assez forts
pour supporter le poids de vos faveurs à venir...
ils ont résolu de quitter demain votre château.

LE PRINCE, ému.

Comment... Sans même me demander mon
assentiment.

ZÉLIE.

Ils ne l'ont pas osé monseigneur...

LE PRINCE.

Et c'est vous qu'ils ont choisie pour leur am-
bassadrice.

ZÉLIE, à part.

Il y a des diplomates moins adroits...

LE PRINCE.

Air : Vouloir c'est pouvoir.

Ailleurs, cette brusque retraite,
M'étonnerait avec raison.
Mais je connais la main secrète,
Qui mena cette trahison.
La voilà !.. *(Prenant la main de Zélie.)*

ZÉLIE, souriant.

Soit ; de votre bouche,
J'attends mon arrêt sans effroi.
Monseigneur, dans cette escarmouche,
Je combattais un peu pour moi.

LE PRINCE, à part.

Battons un moment en retraite !.. (Haut.) Cer-
tes, ils ne pouvaient choisir une meilleure protection que la vôtre... Cependant, un pareil pro-

cédé, quand je voulais leur assurer un sort in-dépendant.
ZÉLIE.

Mais ne pouvez-vous satisfaire ce désir... Justement vous venez d'achetez une terre magnifique en Auvergne, donnez-leur la ferme, et les voilà riches et heureux... C'est décidé, n'est-ce pas prince... la ferme est à eux... et ils peuvent partir...
LE PRINCE.

Eh bien ! j'y consens... En vérité, belle Zélie, vous faites de moi tout ce que vous voulez.

(Il lui baise la main.)

SCÈNE VIII.
ZÉLIE, FLORICOURT, LE PRINCE.

FLORICOURT, ironiquement.

Pardon, monseigneur, je vous dérange peut-être ? Mais je viens dire à la déesse de la sagesse, que son coiffeur l'attend. (Bas à Zélie avec colère.) Depuis fort long-temps même...

LE PRINCE.

A propos, Floricourt, j'avais oublié de vous dire que vous avez été très bien à la dernière représentation... (Il lui donne une tabatière.) Tiens, petit... voici un souvenir.

FLORICOURT.

Ah ! prince... (A part.) Enfin, je tiens ma tabatière.

Air : Quel cruel mystère.

Quittons son Altesse ;
L'heure, ici, nous presse,
La scène se dresse;
Allons, plus de retard.
ZÉLIE, regardant le Prince.
Oui, de Madeleine,
Je pourrai, sans peine,
Faire, par un regard,
Oublier le départ.
ENSEMBLE.
Quittons son Altesse;
L'heure, ici, nous presse,
La scène se dresse ;
Partons sans retard.
FLORICOURT.
Quittons son Altesse.
LE PRINCE.
L'heure, ici, vous presse,
Vous, de la sagesse,
Aimable déesse,
Partez, sans retard.

(Floricourt et Zélie sortent.)

SCÈNE IX.
LE PRINCE, seul.

Ah ! madame la déesse de la sagesse, vous venez de traverser mes projets... Dans votre emploi de favorite, vous voulez être en chef et sans partage... C'est de l'exigence... du despotisme... vous me piquez au jeu... M. Joseph veut emmener sa femme... nous verrons... Justement, voici le Vicomte... il est mon rival... il sera piquant de lui faire servir mes projets.

SCÈNE X.
LE PRINCE, LE VICOMTE.

LE VICOMTE.

Monseigneur, toutes les dispositions sont prises pour qué l'ordre règne pendant la fête...

LE PRINCE.

C'est bien, Vicomte... Dites-moi... le lieutenant de police vous a-t-il fait adresser l'ordre définitif de mise en liberté de Joseph...

LE VICOMTE.

Non, monseigneur... je ne l'ai pas reçu...

LE PRINCE.

Il n'est pas non plus parvenu à mes secrétaires... Vraiment, mon cher vicomte, je crains de vous avoir compromis, vis-à-vis de monsieur le lieutenant de police, en vous faisant l'instrument de la délivrance de Joseph...

LE VICOMTE.

Si cé malheur-là m'arrivait, monseigneur, jé mé mettrais à l'abri sous l'ailé dé votre Altesse... Votre puissante protection mé servirait dé parachute.

LE PRINCE.

Le lieutenant dé police est jaloux de ses prérogatives ..
LE VICOMTE.

Il est vrai que le délit dé Joseph est très grave... Sauter à la gorge dé l'autorité ! vouloir étrangler un capitaine du guet comme un chapon du Mans...
LE PRINCE.

Et si le lieutenant de police venait à demander le captif.

LE VICOMTE.

Oh ! il né serait pas difficile dé lé restituer, puisqu'il est dans cé chateau.

LE PRINCE.

Mais s'il le quittait ?..

LE VICOMTE.

Ah ! céla compliquérait la question...

LE PRINCE.

Eh bien, Vicomte, j'ai su par hasard... que l'intention de Joseph était de s'éloigner, et je crois devoir dans votre intérêt vous en donner avis.
LE VICOMTE.

Mais alors, il est indispensable dé lé faire surveiller...
LE PRINCE.

Le moment présente quelqu'obstacle *... (S'efforçant de sourire.) Surveiller un marié... et la première nuit de ses noces... Il n'y aurait qu'un moyen... ce serait de le condamner à une nuit d'isolement.
LE VICOMTE.

Qu'à céla né tienne, monseigneur... pour conserver les bonnes graces de monsieur le lieutenant de police, j'enléverais tous les maris dé France et dé Navarre. Quand même ils seraient dans les bras... de leur premier sommeil...

LE PRINCE, riant.

Ainsi donc, vous allez faire garder à vue ce pauvre diable toute la nuit...

LE VICOMTE.

Telle est mon intention... aussitôt qu'il aura rempli son rôle dé Vulcain, j'enlève mon individu gracieusement, et jé mets sous clé lé dieu des forgerons, avec une garde d'honneur à la porte... Jé m'entendrai avec Floricourt, pour qu'il fasse un pétit changement au dénouement dé son ballet.

Air de la Somnambule.

Si vous y consentez, jé change
Uné chambre en salle d'arrêts...
LE PRINCE.
A vos désirs, que tout s'arrange,
Par intérêt pour vous, je le permets.

* Le Vicomte, le Prince.

LE VICOMTE.

Ah ! pour les époux quelle épreuve !
Cette nuit, sans plus dé façon ,
Madeleine jé té fait veuve,
Et jé fais ton mari garçon;
Oui, jé fais ton mari garçon !

LE PRINCE.

Surtout que les choses se passent sans éclat...
sans scandale... LE VICOMTE.
J'agirai en véritable escamoteur.

LE PRINCE.

Je n'ai pas besoin de vous recommander tous
les égards possibles pour le pauvre Joseph.

LE VICOMTE.

Je le traiterai comme si je menais mon propre
frère en prison...

LE PRINCE.

J'ai réussi... Ce brave Vicomte ne sait pas quel
service il me rend.

LE VICOMTE, à part.

Le prince ne se doute guère qu'il prépare ma
victoire amoureuse *.

LE MACHINISTE.

Monseigneur, si vous le permettez, le ballet va
commencer.

LE VICOMTE, à part.

Allons m'entendre avec Floricourt.

(Il sort et reparaît bientôt.)

SCÈNE XI.

LE PRINCE, Dames et Seigneurs.

CHOEUR.

Air final de la Cordonnière.

C'est le signal de la fête.
Dans ce séjour enchanté ,
Un beau triomphe s'apprête
Pour les arts et la beauté.

BALLET.

FLORE , POMONE , NYMPHES

Musique vive et gaie.—Flore entre précédée des
bergères ; elle regarde à droite et à gauche, puis ses
yeux s'arrêtent sur le pavillon à droite ; c'est la chambre nuptiale. Elle fait signe aux bergères, et celles-ci
placent des guirlandes de fleurs à la porte du pavillon. Quelques mesures de cor se font entendre ; Flore
et les bergères vont au fond, et regardent à droite:
Flore indique par sa pantomime que Vénus approche ; les bergères forment un groupe au fond , et
Flore va au-devant de la mère des amours.

POMONE , FLORE , VÉNUS , LES TROIS GRÂCES.

Air : Que de grâce, que de majesté. —Flore pré-
cède Vénus et sème son passage de fleurs. Vénus est
entre deux Grâces qui la conduisent enlacée dans une
chaîne de fleurs ; la troisième Grâce les suit, un miroir
à la main ; les Grâces conduisent Vénus, dont l'air
est abattu, sur un banc de gazon à gauche. Flore,
suivie de bergères, offre à Vénus le bouquet et la
couronne d'orangers. — TABLEAU. — L'une des Grâces place le bouquet au côté de Vénus, l'autre lui
place la couronne sur la tête, la troisième lui présente le miroir. — TABLEAU.

LES MÊMES, MINERVE.

Musique éclatante. — Minerve annonce à Vénus

l'arrivée de son époux; les Grâces et les Nymphes se
disposent à aller au-devant de lui.

LES MÊMES, VULCAIN conduit par L'HYMEN.

Flore, les Grâces et les Nymphes ont fait quelques
pas à la rencontre de Vulcain; mais elles reculent
épouvantées à l'aspect de ce dieu. Vulcain s'approche
de Vénus en boitant et lui fait la déclaration de son
amour; Vénus se cache la figure; Vulcain piqué,
témoigne son dépit à Minerve qui est à l'avant-scène à
droite. Celle-ci tâche de le consoler. On entend l'air;
C'est l'Amour; Flore regarde au fond et vient annon-
cer à Vénus que son fils approche.

LES MÊMES, L'AMOUR.

Un char traîné par deux cignes entre par la gauche,
c'est l'Amour qui le conduit. Vénus s'est levée pour
aller au-devant de l'Amour. Lorsqu'il est descendu
de son char, elle le couvre de ses baisers. L'Amour
pleure ; Vénus lui en demande la raison sur l'air : Il
faut des époux assortis. Il lui montre Vulcain qu'il
contrefait en boitant, et la dissuade d'un pareil mariage ; Vulcain dormira toujours, etc. L'Amour est
placé à droite de Vénus. L'Hymen qui est à sa gauche, lui fait à son tour un tableau charmant du
bonheur que lui promet le mariage. Pendant cette
pantomime, l'orchestre joue l'air : L'hymen est un
lien charmant. Minerve joint ses sollicitations à celles
de l'hymen ; elle fait briller la puissance de Vulcain,
c'est lui qui forge les foudres de Jupiter. Le casque,
le bouclier qu'elle porte, c'est lui qui les a fabriqués.
Vénus cède à tant d'instances et accepte la main de
Vulcain, le dieu en témoigne sa joie. L'Amour menace
alors Vulcain du doigt sur les premières mesures de
l'air : Tu n'auras pas, petit polisson. Sur un signe
de l'hymen, on a apporté un autel. L'Amour a dis-
paru par la gauche.

LES MÊMES, puis LE DIEU MARS.

Vénus et Vulcain s'approchent de l'autel. Vénus
est à gauche et Vulcain à droite. L'Hymen, avec son
flambeau, allume la flamme, les deux époux étendent
la main, ils sont unis. Pendant ce mouvement, Mars,
conduit par l'Amour s'est approché de Vénus sans
être vu : il lui saisit la main droite et la couvre de
baisers, tandis que la main gauche de la déesse est
étendue vers l'autel. — Les époux sont unis. On
les conduit sur un trône à l'avant-scène à gauche.
les danses commencent : quand elles sont terminées,
Flore et les Grâces viennent chercher Vénus et la
conduisent au pavillon à droite. La nuit est venue,
et l'on voit le château illuminé. Lorsque Vénus est
est entrée dans le pavillon , Mars veut y pénétrer;
mais la déesse de la sagesse lui barre le passage en
étendant son bouclier ; Mars recule ; Minerve alors
s'approche de Vulcain pour le conduire près de son
épouse ; à ce moment il est enlevé dans les airs par
un dragon ailé. Pendant ce mouvement, Mars conduit par l'Amour, veut de nouveau entrer dans le
pavillon; mais il est repoussé par Minerve et par l'Hymen qui agite son flambeau. Minerve reste à la porte
du pavillon pendant que l'Hymen repousse Mars et
l'Amour. A ce moment, on entend le bruit d'une
pièce d'artifice. C'est le prélude de divertissemens
d'un autre genre sur un autre point du parc.

LE PRINCE.

Mesdames et messieurs , rendons-nous au feu
d'artifice !

REPRISE DU CHOEUR,

---

* Le Vicomte, le Machiniste, le Prince.

SCÈNE XII.
ZÉLIE.

Il se passe ici quelque chose d'étrange ; par quel ordre a-t-on changé le dénouement habituel du ballet. Suivant la Mythologie et le programme, Vulcain doit aller retrouver Vénus, surprendre Mars et l'enfermer dans un filet. Et, au lieu de cela, Vulcain est enlevé dans les airs sur un dragon... Mars est libre ; et le filet, dans lequel on devait le prendre, reste là sans être utilisé... Oh! il y a quelque intrigue hors de l'intrigue du ballet...

Air de Jadis et Aujourd'hui.

Dans quelque piége, je le gage,
En cet instant Joseph est pris,
Ne se doutant pas que l'usage
Permet ici d'enlever les maris.
D'une trahison sans pareille,
Ne craignez rien, jeunes époux,
Sous mes traits la sagesse veille
Et fait sentinelle pour vous.
Je fais sentinelle pour vous!

SCÈNE XIII.
ZÉLIE, puis MADELEINE en costume auvergnat,
ZÉLIE.

Avertissons Madeleine... (A la porte du pavillon.) Madeleine, dépêchez-vous de changer de costume. Vous n'avez pas un instant à perdre pour sortir de ce château, je tremble que vous ne soyez ici la victime de quelque machination.

MADELEINE, dans le pavillon.

Ah mon Dieu! vous m'effrayez...

ZÉLIE.

Mais on vient. C'est le prince, sans doute... non, c'est mon mari... Que vient-il faire ici?

SCÈNE XIV.
FLORICOURT, ZÉLIE.

FLORICOURT.

Ce Vicomte est vraiment adorable... C'est lui-même qui se charge de me débarasser de la présence de Joseph... En ce moment, il le tient aux arrêts, et moi, je vais continuer mon rôle de Mars.

Air : Et voilà comme ça s'arrange.

Quand Vénus épousa Vulcain,
Le Dieu Mars, nous dit la chronique,
Fit essuyer à son voisin
Un certain affront domestique.
Qu'un autre Vulcain, aujourd'hui,
D'un autre dieu Mars se défie,
Que Joseph prenne garde à lui ;
Je veux lui faire un tour, ici,
Tiré de la Mythologie !

ZÉLIE.

Le traître *... Et moi qui soupçonnais Son Altesse... (A Madeleine.) Venez de ce côté, et faites bien ce que je vais vous dire...

LE VICOMTE **, entrant.

Voici le moment de voir couronner mon amour... (Apercevant Floricourt.) Le danseur!..

* Floricourt, Zélie, Madeleine.
** Le Vicomte, Floricourt, Zélie, et Madeleine hors de la vue du public.

Qu'il ne me voie pas.   (Il se cache à gauche.)

MADELEINE, s'avançant à peine.

Joseph, est-ce toi?..

FLORICOURT.

Elle est dans ce bosquet... j'aime mieux cela. (Il se dirige du côté de Madeleine et disparaît ; Zélie et Madeleine sont aussi hors de la vue du public.)

LE VICOMTE, reparaissant.

Qu'est-ce que cela veut dire?

FLORICOURT, dans la coulisse.

Ah! mon Dieu... où me suis-je fourré.

LE VICOMTE, regardant.

Dieu me damne, on dirait que le danseur se débat dans un filet tendu pour les alouettes... Ce n'est pas moi, mon cher, qui irai te délivrer *...

ZÉLIE.

Bon ! mon fidèle époux a donné dans le piége... Maintenant, Madeleine, rentrez dans le pavillon ; je vais aller à la découverte de Joseph.

MADELEINE.

Ah ! ramenez-le bien vite, je vous en prie. (Elle entre dans le pavillon ; Zélie sort.)

SCÈNE XV.
LE VICOMTE, MADELEINE dans le pavillon, puis LE PRINCE.

LE VICOMTE.

Madeleine est revenue au pavillon... Plus personne... je suis maître du champ de bataille... Il sera curieux, pendant que ce pauvre Floricourt se débat dans le filet de Vulcain.** Ah! ah!.. ce sera délicieux.

Air : C'est l'heure du plaisir. (LUSTUCRU.)

C'est l'heure des amours,
C'est l'heure du mystère,
Et la nuit tutélaire
Me prête son secours...

LE PRINCE.

Le plaisir m'attend ;
Je vais, à l'instant,
Réduire une beauté cruelle.

LE VICOMTE.

Je vais, ô bonheur !
Eteindre l'ardeur
Du volcan que mon cœur recèle.

REPRISE.

LE PRINCE.

Le Vicomte !

LE VICOMTE.

Le Prince !

LE PRINCE.

Mon cher capitaine, la fortune me sert à souhait... c'est justement vous que je cherchais.

LE VICOMTE, à part.

Moi, je ne le cherché pas.

LE PRINCE.

Des dépêches viennent d'arriver de Paris ; il me faut un officier de zèle et d'intelligence, pour en porter la réponse. Je vous ai choisi, vicomte.

LE VICOMTE.

Moi, monseigneur... (A part.) C'est un tour de Jarnac. Il est jaloux de moi. (Haut.) Je suis à vos ordres, monseigneur. (A part.) Je suis joué, mais on ne me fera pas capot comme un sot ; je vais lâcher mon prisonnier... Monseigneur.

* Le Vicomte, Zélie, Madeleine.
** Le Prince, le Vicomte.

LE PRINCE, avec ironie.

Couvrez-vous bien en chemin. Vicomte ; les nuits sont très fraîches.

LE VICOMTE, saluant

Vous êtes trop bon. (A part.) Il se moque de moi.   REPRISE ENSEMBLE.

C'est l'heure des amours, etc.

SCÈNE XVI.

LE PRINCE, UN DOMESTIQUE, MADELEINE
dans le pavillon.

MADELEINE, ouvrant la porte du pavillon.

Joseph ne vient pas ! Ah ! je n'y puis plus tenir.   LE PRINCE, à un domestique.

Approche !

MADELEINE.

Le Prince !

LE PRINCE.

Songez à observer mes ordres... Gardez toutes les avenues qui conduisent ici ; que je sois seul...   MADELEINE, à part.

Grand Dieu !..

LE PRINCE.

Et que personne n'approche de ce pavillon... Donne-moi la clé.

MADELEINE, à part.

Impossible de fuir... je suis perdue !

LE PRINCE, après avoir reçu la clé.

C'est bien... Retirez-vous... et faites ce que j'ai dit.   MADELEINE.

A qui demander secours... O ! ma divine patronne, je n'ai plus d'espoir qu'en toi...

(Elle s'agenouille sous le parvis du pavillon.)

LE PRINCE,* se dirigeant vers le pavillon.

Enfin, elle est à moi...

MADELEINE.
Air de M. Thys

Notre-Dame de Limagne,
Patronne de la montagne,
    Vois mon danger...
    Ecoute encor la prière
    De la pauvre chevrière,
    Et viens la protéger !

LE PRINCE, à part.

Ce chant naïf.... ces paroles dites par une voix émue... Ce sont les mêmes que j'entendis en Auvergne... Celle qui implore le ciel pour sa vertu... est la même qui l'implora naguères pour mes jours... c'est ma libératrice... Malheureux, qu'allais-je faire ? Madeleine, ne craignez rien et écoutez-moi : rappelez-vous le Saint-Géran, un jour de tempête... le voyageur protégé par la prière d'une jeune fille, sauvé par son courage, et vous comprendrez qu'ici vous avez droit au respect et à la reconnaissance,

MADELEINE.

Comment, monseigneur, c'est vous...

LE PRINCE.

Que ce chaste baiser soit le garant de ma protection paternelle.

SCÈNE XVII.

LE PRINCE, MADELEINE, JOSEPH.

JOSEPH, au-dehors.

Voulez-vous bien me laisser tranquille... Je vous dis que j'entrerai... (Appercevant le Prince

* Le Prince, Madeleine.

qui embrasse Madeleine.) Ah ! c'est pour cela qu'on me fait voyager sur des dragons de carton.

LE PRINCE.

Joseph, rassure-toi ; on vient... tu vas savoir ce que je dois à madeleine.

JOSEPH.

Ah !

SCÈNE XVIII.

JOSEPH, MADELEINE, LE PRINCE, ZÉLIE,
puis FLORICOURT.

ZÉLIE, conduisant les seigneurs.

Venez, mes seigneurs, vous allez voir com ment Minerve sait se venger.

ENSEMBLE.
Air de M. Thys.

Suivez-moi, pour voir en ce jour,
Comment je punis un outrage,
Mars par Minerve est mis en cage,
L'Hymen fait un trait à l'Amour.

CHOEUR.

Suivons là, voyons en ce jour,
Comment l'Hymen punit l'outrage,
Allons voir le Dieu Mars en cage,
Ah ! quel bon tour, quel charmant tour !

FLORICOURT.

Grâce, Zélie ! Délivrez-moi.

ZÉLIE.

Je le veux bien... Venez, je vous pardonne.

(Elle coupe le lacet du filet.)

LE PRINCE.

Messieurs, je vous présente cette jeune fille... C'est la courageuse montagnarde qui me sauva la vie en Auvergne... Elle veut nous quitter pour revoir son village... Mes bienfaits la suivront, et que vos regrets et les miens l'accompagnent en ce jour !   FINAL.
Musique de M. Thys.

MADELEINE, JOSEPH.

Allons, Joseph
                  partons ce soir ;
Madeleine
Nous ferons un charmant voyage.
O ma montagne ! ô mon village !
Je voudrais déjà vous revoir.

LE PRINCE.

Mes amis, partez dès ce soir,
Le ciel vous donne un bon voyage.
Trouvez le bonheur au village ;
Pour mon cœur c'est un doux espoir.

FLORICOURT.

Ils vont partir, partir ce soir,
J'en suis hélas pour mon hommage.
Elle retourne en son village,
Elle emporte tout mon espoir.

ZÉLIE.

Ils vont partir, partir ce soir,
C'est pour eux un parti fort sage ;
Moi je reprends mon avantage,
Et je retrouve mon espoir...

MADELEINE, au public.

Mais à présent, du parterre,
Je crains d'un accueil sévère,
    Le grand danger,
Ah ! messieurs, la chevrière,
Vous adresse sa prière,
Veuillez la protéger.

REPRISE DU CHOEUR.